Anselm Grün

Was uns leben lässt

Anselm Grün

Was uns leben lässt

Biblische Weisheit für den Alltag

Vier-Türme-Verlag

camino.

Bibliographische Information der Deutschen Nationalbibliothek
Die Deutsche Nationalbibliothek verzeichnet diese Publikation in der Deutschen Nationalbibliographie. Detaillierte bibliographische Daten sind im Internet über http://dnb.d-nb.de abrufbar.

1. Auflage 2015

Umschlagmotiv: Gräfin / photocase.com
Autorenfoto hintere Umschlagseite: Andrea Göppel / Vier-Türme-Verlag
Druck und Bindung: Herstellung: Finidr s.r.o., Český Těšín
Printed in the Czech Republic

ISBN 978-3-89680-953-7 (Vier-Türme)
ISBN 978-3-460-50004-4 (Camino)

www.vier-tuerme-verlag.de | *www.caminobuch.de*

INHALT

Einleitung

Die Bibel ist für mich eine unerschöpfliche Fundgrube, in der ich immer wieder neue Antworten finde auf die Fragen, die mich in meinem Leben bewegen. Wenn ich Menschen auf ihrem Weg begleite, fallen mir häufig Texte aus der Bibel ein, die für diesen konkreten Menschen in seiner jeweiligen Situation eine Hilfe und Ermutigung sein könnten. So gebe ich in der Begleitung auch biblische Texte zur Meditation. Dabei geht es darum, spielerisch mit dem Text umzugehen. Dazu ist es nicht unbedingt nötig, die exegetischen Kommentare zu lesen. Wir sollten einfach den Text in einen Dialog treten lassen mit dem, was uns gerade bewegt. Dann erschließt sich uns der biblische Text. Aber zugleich können wir unsere eigenen Nöte und Bedrängnisse in einem anderen Licht sehen. Wir erkennen in den biblischen Worten uns selbst wieder.

So möchte ich in diesem Buch biblische Texte auslegen, die auf wesentliche Fragen unseres Lebens und auf alltägliche Nöte und Schwierigkeiten Antworten geben oder besser gesagt: einen Weg weisen, wie wir weitergehen können. Die Bibel gibt keine einfachen Antworten, die man nach Hause tragen kann. Sie schenkt uns vielmehr Worte, die wir kauen, an denen wir uns abarbeiten sollen, damit sie für uns zu Lebensworten werden, zu Worten, die ins Leben führen.

Die griechische Philosophie sah ihre Aufgabe darin, die Menschen in der Kunst des gesunden Lebens zu unterweisen. Die Bibel hat eine andere Sprache als die griechische Philosophie. Sie erzählt uns Geschichten oder sie gibt uns Worte an die Hand, die uns die Augen öffnen für eine andere Wirklichkeit. Aber auch die Bibel ist eine Art Lebenskunst. Der Evangelist Lukas, der die griechische Philosophie am besten von allen neutestamentlichen Autoren kennt, versteht Jesus als den *archegos tes zoes*, als den Anführer zum Leben, oder anders übersetzt: als den Anleiter zu gelingendem Leben (vgl. Apg 3,15). Jesus weist uns einen Weg, wie unser Leben gelingen kann. Er ist im Lukasevangelium wie bei Matthäus ein Lehrer der Weisheit, der sowohl die Weisheit der Griechen als auch die Weisheit des Nahen Ostens in seine Lehre integriert.

Bei Matthäus hält Jesus fünf große Reden. Das ist einmal eine Antwort auf die fünf Bücher Mose, die die Weisheit des Alten Testaments verkörpern. Aber die Zahl fünf ist allgemein ein Symbol für eine tiefere Weisheit. Die Alchemisten sprachen von *quinta essentia*: Sie wollten die Quintessenz menschlichen Wissens entdecken. Jesus ist der, der uns über die Weisheit der Welt hinausführt in die vollkommene Weisheit oder in die »Weisheit unter den Vollkommenen«, von der Paulus im Gegensatz zur Weisheit der Griechen spricht (vgl. 1 Kor 2,6).

In allen Völkern und Kulturen findet man Menschen, die nach Weisheit suchten und suchen. Jedes Volk hat seine Weisheitsüberlieferungen. Sie prägen sein Selbstverständnis. Weisheit ist daher mehr als bloßes Wissen. Der Theologe Heinrich Fries versteht sie als »umgreifende Daseinsauslegung«. Auch die Bibel ist ein Weisheitsbuch. Es gibt im Alten Testament eine eigene Sammlung von Büchern, die die jüdische Weisheit mit der griechischen verbinden, wie zum Beispiel Jesus Sirach, Kohelet und das Buch der Weisheit. Weisheit will die tieferen Zusammenhänge des Lebens aufdecken. Und sie will uns eine Weisung geben, wie wir sinnvoll und gut leben können. Für mich ist die Bibel die Weisheitsquelle schlechthin. Aber ich lese sie auch mit der Brille weltlicher Weisheit, etwa der Weisheit der Philosophie oder der der Psychologie. Auf diese Art erschließt sich mir die Weisheit der Bibel. Paulus grenzt zwar die Weisheit des Kreuzes von der Weisheit der Welt ab. Aber auch er verkündet uns Weisheit, und zwar »das Geheimnis der verborgenen Weisheit Gottes, die Gott vor allen Zeiten vorausbestimmt hat zu unserer Verherrlichung« (1 Kor 2,7).

Es ist also eine Weisheit, die uns Gott selbst geoffenbart hat. Und es ist eine, die zu unserer Verherrlichung bestimmt ist. Im Griechischen steht hier: *doxa*, ein Wort, das immer auch Gestalt, Glanz und Schönheit meint. Die Weisheit, die uns die Bibel enthüllt, hat den Sinn, uns in die einmalige Gestalt hineinzuführen, die Gott sich von jedem von uns gemacht hat, und uns den ursprünglichen Glanz und die uns geschenkte Schönheit aufstrahlen zu lassen. Weisheit macht schön, und Weisheit führt uns zu unserer persönlichen Wahrheit, zu unserem wahren Wesen.

Aber die Weisheit, die uns die Bibel schenkt, bezieht sich nicht nur auf die Schönheit, in die wir hineinwachsen sollen. Sie bezieht sich auch ganz konkret auf unser Leben. Sie will uns Antwort geben auf die zentralen Fragen, die uns das Leben stellt: auf die Frage, wer ich eigentlich bin, auf die Frage, wie ich mit dem Druck umgehe, dem ich von vielen Seiten her ausgesetzt bin, und wie ich innerlich zur Ruhe komme in dieser hektischen Welt, auf die Frage, wie ich mit Leid und Not umgehe, mit meinen Emotionen und Gedanken, mit meinen Bedürfnissen und Leidenschaften, mit meiner Schuld und meinem Versagen, und wie ich auf die Endlichkeit des Lebens reagiere und den Tod ins Leben integriere. Die Bibel gibt uns darauf keine klassischen Antworten im Sinn der vielen Ratgeber, die heute modern sind. Sie erzählt uns vielmehr Geschichten, in denen wir uns wiederfinden und einen Weg auch für unser Leben entdecken können. Und sie schenkt uns Worte, die uns auf den ersten Blick fremd erscheinen. Doch wenn wir diese Worte kauen, wenn wir sie ins Herz fallen lassen, dann verwandeln sie unsere Sichtweise. Und dann geben sie oft Antworten, auf die wir von uns aus nie gekommen wären.

Liebe Leserin, lieber Leser, Sie müssen gar nicht an die Worte der Bibel glauben, wenn Sie dieses Buch lesen. Sie sollen einfach einmal mit diesen Worten experimentieren. Mir hilft dabei die Methode: Ich lese ein Wort der Bibel. Dann frage ich mich: Wenn dieses Wort stimmt, wie erfahre ich mich dann, wie erlebe ich dann meine Situation, meine Not? In welchem Licht erscheinen dann meine Themen? Glauben heißt für mich: einfach ausprobieren, einmal so tun, als ob diese Worte stimmten. Das Experiment zeigt mir dann, dass es sich lohnt, den Worten der Bibel zu trauen. Natürlich mache ich dieses Experiment schon in der Hoffnung, dass diese Worte stimmen, dass sie mir einen Weg zum Leben zeigen.

Die Deutungen, die ich den biblischen Geschichten und Worten gebe, erheben keinen Anspruch auf absolute Geltung. Man kann die Bibel verschieden auslegen. Zum Verstehen der Bibel gehört immer, dass wir einen Dialog anfangen zwischen dem biblischen Text und unserem konkreten Leben, unseren persönlichen Fragen und unseren Nöten. Wenn wir diesen Dialog führen, dann werden wir auf einmal den Text besser verstehen, und wir verstehen uns selbst besser. So wünsche ich Ihnen, liebe Leserin, lieber Leser, dass Sie im Umgang mit den biblischen Texten und meinen Auslegungen Ihre ganz persönliche Weise entdecken, mit jenen Texten zu verfahren und für sich eine Lebenshilfe darin zu erkennen, eine Hilfe, die lebbar ist und Ihr Leben gelingen lässt.

1

»JEDER TAG HAT
SEINE EIGENE PLAGE«

Wie kann ich meinen Alltag meistern?

ALLES HAT SEINE ZEIT

Alles hat seine Stunde. Für jedes Geschehen unter dem Himmel gibt es eine bestimmte Zeit: eine Zeit zum Gebären und eine Zeit zum Sterben, eine Zeit zum Pflanzen und eine Zeit zum Abernten der Pflanzen, eine Zeit zum Töten und eine Zeit zum Heilen, eine Zeit zum Niederreißen und eine Zeit zum Bauen, eine Zeit zum Weinen und eine Zeit zum Lachen, eine Zeit für die Klage und eine Zeit für den Tanz; eine Zeit zum Steinewerfen und eine Zeit zum Steinesammeln, eine Zeit zum Umarmen und eine Zeit, die Umarmung zu lösen, eine Zeit zum Suchen und eine Zeit zum Verlieren, eine Zeit zum Behalten und eine Zeit zum Wegwerfen, eine Zeit zum Zerreißen und eine Zeit zum Zusammennähen, eine Zeit zum Schweigen und eine Zeit zum Reden, eine Zeit zum Lieben und eine Zeit zum Hassen, eine Zeit für den Krieg und eine Zeit für den Frieden.

KOHELET 3,1–8

Wir möchten gerne immer alles auf einmal haben. Wir möchten das Glück und die Freude festhalten, den Erfolg und die Anerkennung, die Harmonie und den Frieden.

Doch der Weise, der in der Gestalt des Predigers im Buch Kohelet zu uns spricht, sagt uns ganz nüchtern: Es gibt eine Zeit des Glücks und des Unglücks, der Freude und der Trauer, des Erfolgs und des Misserfolgs, der Anerkennung und der Ablehnung, des Friedens und des Streites. Wir sollen in der Zeit des Glücks nicht ängstlich darauf warten, dass jetzt auf jeden Fall Unglück kommen müsste. Dann könnten wir das Glück und die Freude und den Frieden gar nicht genießen. Wir sollen nur damit rechnen, dass das Leben ein Auf und Ab ist, dass man nichts festhalten kann.

Der Prediger nimmt einfach das aus Gottes Hand an, was gerade ist. Wir können es uns nicht aussuchen, ob wir in einer Zeit des Friedens oder in Kriegszeiten leben. Wir müssen die Zeit nehmen, wie sie ist. Jede Zeit hat ihre eigene Herausforderung, aber auch ihre eigene Plage. Es gibt Zeiten des Hochgefühls und Zeiten, in denen wir uns niedergeschlagen fühlen.

Viele meinen, sie müssten die Zeit des Hochgefühls festhalten. Doch das gelingt nicht. Wir sollen damit rechnen, dass es auch mal anders kommen kann. Und wenn wir niedergeschlagen sind, sollen wir das als die Aufgabe nehmen, die uns jetzt gestellt ist: damit in guter Weise umzugehen.

Es ist nicht so, dass auf die Zeit der Freude automatisch die Zeit der Trauer kommen muss. Das wäre fatal. Dann könnten wir die Zeit der Freude nicht wirklich wahrnehmen und auskosten. Wir sollen dankbar die Zeit erleben, die uns Gott gerade schenkt. Aber wenn eine andere Zeit kommt, in der Trauer herrscht, sollen wir nicht jammern und uns beschweren, dass Gott uns vergessen hat. Es ist einfach das Schicksal des Menschen, dass die Zeiten sich ändern. Ja sagen zu den verschiedenen Zeiten, darum geht es. Wem das gelingt, der – so sagt Kohelet – lebt weise, und sein Leben glückt ihm.

Am siebten Tag vollendete Gott das Werk, das er geschaffen hatte, und er ruhte am siebten Tag, nachdem er sein ganzes Werk vollbracht hatte. Und Gott segnete den siebten Tag und erklärte ihn für heilig: denn an ihm ruhte Gott, nachdem er das ganze Werk der Schöpfung vollendet hatte.

GENESIS 2,2f

B

Weil Gott am siebten Tag ruhte, soll auch der Mensch am siebten Tag ausruhen. Er soll die Sabbatruhe Gottes genießen. Der Sabbat ist eine Wohltat für den Menschen. Gott selbst hat es dem Menschen vorgemacht. Das Werk unserer Arbeit wird erst vollendet, wenn wir davon ausruhen. Nur dann können wir es auch genießen.

Gott segnet den siebten Tag und erklärt ihn für heilig. Es ist also ein Segen, jede Woche einen Tag für sich zu haben, an dem wir ausruhen dürfen, an dem wir uns nicht beweisen müssen, an dem wir frei sind von allen Erwartungen von außen.

Und es ist ein heiliger Tag, ein Tag, der dem Zugriff der Welt entzogen ist, dem Zugriff der Ökonomie. Heute hat die Wirtschaft absolutistische und autoritäre Tendenzen. Sie neigt dazu, über alles herrschen und alles bestimmen zu wollen. Alles sollte möglichst nach ökonomischen

Gesichtspunkten bewertet werden. Da ist es eine Wohltat, dass Gott dieser absoluten Herrschaft der Ökonomie einen Tag entzogen hat, der allein dem Menschen gehört.

Heilig ist das, was der Welt entzogen ist, worüber die Welt keine Macht hat. Und für die Griechen vermag allein das Heilige zu heilen. Der heilige Tag ist ein heilsamer Tag, der uns guttut, an dem wir frei aufatmen können, ohne beherrscht zu werden von dem Druck, unser Leben zu bewältigen. Jetzt dürfen wir schauen und hören, lesen und feiern. Und wir haben Zeit füreinander.

Wir Christen haben für uns die jüdische Wohltat des Sabbats auf den Sonntag verlagert. Aber auch für uns gilt die gleiche Theologie: Wer ausruht, der vollendet erst sein Werk. Und wer ausruht, wer die heilige Zeit genießt, der wird heil und lebt gesund. Der Rhythmus, den das Geschenk des Sabbats in unser Leben gebracht hat, tut uns gut. Wer im Rhythmus lebt, der lebt seiner Natur gemäß. Und wer im Rhythmus arbeitet, kann auf Dauer effektiver und nachhaltiger arbeiten.

Der Sabbat ist für den Menschen da,
nicht der Mensch für den Sabbat.

MARKUS 2,27

Jesus ging am Sabbat durch die Kornfelder. Weil die Jünger Hunger hatten, rissen sie unterwegs Ähren aus, um ihren Hunger zu stillen. Da regen sich die Pharisäer auf. Das ist am Sabbat verboten. Jesus argumentiert zuerst mit der Geschichte Davids, der sogar die heiligen Brote aß, die nur die Priester essen durften. Und dann sagt er den entscheidenden Satz: »Der Sabbat ist für den Menschen da, nicht der Mensch für den Sabbat.«

Das Sabbatgebot war mit vielen kleinen Regeln aufgeladen, die alle darum kreisten, was man am Sabbat nicht tun durfte. So wurde die Einhaltung des Sabbats anstrengend. Und sie war mit viel Angst verbunden, ob ich nicht doch eine Regel verletze. Jesus geht auf die ursprüngliche Bedeutung des Sabbats ein. Gott hat den Sabbat geschaffen, damit der Mensch ausruhen kann. Der Sabbat ist eine Wohltat für den Menschen. Der muss nicht durch kleinliche Gebote verkompliziert und zu einer Last für den Menschen werden.

Mit dem Grundsatz, dass der Sabbat für den Menschen da ist, hat Jesus das Wesen aller religiösen Praxis im Sinn. Fromme Menschen kreisen manchmal um die Gebote, als sei es das einzig Wichtige, sie einzuhalten. In Klöstern hat man früher oft den Eindruck gehabt, geistliches Leben würde vor allem in der Einhaltung vieler Vorschriften bestehen.

Jesus relativiert mit seinem Satz all diese Vorschriften. Sie haben nur einen Sinn, wenn sie dem Menschen helfen, sich für Gott zu öffnen und ganz zu sich selbst zu finden. Bei manchen spirituellen Menschen beobachte ich, dass sie sich ein System von Regeln auferlegt haben. Sie haben ein schlechtes Gewissen, wenn sie mal einen Rosenkranz nicht beten konnten, der zu ihrem religiösen Programm gehört. Oft vergessen wir, dass all diese Methoden und Rituale für den Menschen da sind und nicht der Mensch für die Rituale. Es ist ein Grundsatz für jeden spirituellen Weg.

Aber der Satz Jesu ist auch wichtig für die vielen Regeln, die sich Menschen für ihre Gesundheitspflege auferlegen. Da macht man sich oft ein strenges Programm, was man alles einhalten muss: Vorschriften beim Essen, Vorschriften, welchen Sport man treibt und wie oft, wie viele Kilometer man täglich zu laufen hat. Ratgeberbücher sind mitunter keine Hilfe, sondern eine Quelle von Stress, den man sich macht, weil man modern sein will und gesund leben möchte. Da wird dann auch mal die Freiheit verplant, weil es zu einem modernen Menschen gehört, das oder jenes für sich zu tun, wie Fitnessstudio besuchen oder Wellness-Wochenende buchen. Vor lauter Vorschriften versäumt man das Leben. Die Freizeit wird zum Stress anstatt zur Erholung.

Jede Vorschrift und jede Institution hat die Tendenz, sich zu verselbständigen. Da müssen wir uns von Jesus immer wieder sagen lassen: Alle Regeln, alle Vorschläge, alle Methoden sind für den Menschen da und nicht umgekehrt. Das ist ein wichtiges Kriterium, mit dem wir unser geistliches Leben, mit dem wir unsere Lebensweise, die wir uns erarbeitet haben, überprüfen sollen. Denn oft genug haben sich die Regeln, die zunächst – genau wie das Sabbatgebot – eine Hilfe sein sollten, im Geist Gottes zu leben, verselbständigt. So sollten wir uns immer wieder fragen, ob wir wirklich Lust haben, diese oder jene Regel zu befolgen, oder ob sie uns schon zur Last geworden ist.

Sorgt euch also nicht um morgen;
denn der morgige Tag wird für sich selbst sorgen.
Jeder Tag hat genug eigene Plage.

MATTHÄUS 6,34

B

Viele Menschen malen sich voller Sorge aus, was morgen und übermorgen und überhaupt in der Zukunft alles geschehen könnte. Natürlich sollen wir unsere Verantwortung für die Zukunft wahrnehmen. Wie wir mit der Natur umgehen, das hat Folgen für die kommenden Generationen.

Doch diese Verantwortung für die Zukunft hat Jesus hier bei Matthäus nicht im Blick. Er möchte uns vielmehr einladen, ganz im Augenblick zu leben. Das Heute ist wichtig. Dieser eine Augenblick ist wichtig. Wir sollen ihn in Dankbarkeit und in Vertrauen leben. Wenn wir uns ständig um die Zukunft Sorgen machen, dann leben wir nicht im Augenblick, dann versäumen wir das Leben. Es geht darum, den heutigen Tag gut zu meistern. Ich soll mir heute noch nicht den Kopf zerbrechen, was morgen sein wird.

Viele kreisen heute schon um das Gespräch, das morgen stattfinden wird, oder um die Arbeit, die sie morgen erledigen müssen. Doch damit können sie den gegenwärtigen

Augenblick nicht genießen. Die Sorge um den morgigen Tag lastet auf ihnen und bedrückt sie.

Wenn ich morgens aufstehe, lasse ich mich nicht erdrücken von den Terminen, die heute anstehen. Ich erhebe vielmehr die Hände zum Segen und segne den heutigen Tag. Dann gehe ich voll Vertrauen in den Tag, nicht mit Sorgen, was alles geschehen könnte, sondern im Glauben daran, dass alles, was ich heute tue, gesegnet ist. Ich gehe in einen gesegneten Tag und brauche mir keine Sorgen zu machen, was alles schiefgehen könnte. In einen gesegneten Tag kann ich gelassen und ruhig gehen. Ich weiß, dass jeder Augenblick von Gottes Segen erfüllt ist, dass Gottes Segen über jedem Gespräch steht, über jeder Arbeit, über jeder Begegnung.

LEBEN IN FÜLLE

Ich bin gekommen,
damit sie das Leben haben
und es in Fülle haben.

JOHANNES 10,10

Manche denken, dass Jesus gekommen sei, um uns viele Vorschriften zu machen und Forderungen zu stellen, denen wir oft nicht gerecht werden können. Doch hier gibt Jesus den wahren Grund seines Kommens an. Er ist gekommen, dass wir das Leben haben.

Der biblische Text benutzt hier das griechische Wort *zoe* und nicht *bios*. *Bios* ist das biologische Leben, das Überleben, das Existieren. Doch *zoe* meint Lebensqualität, wirkliches Leben, Lebendigkeit, Wachsen, Aufblühen, Fruchtbringen. Und diese Lebensqualität sollen wir in Fülle, über jedes Maß hinaus haben. Was meint Jesus damit? Und wie können wir dieses Leben in Fülle erfahren?

Menschen sind manchmal nur fähig, Leben zu erfahren, wenn sie möglichst viel erleben, wenn sie vielleicht weite Reisen und außergewöhnliche Dinge im Urlaub machen. Vielleicht gehen sie im Urlaub deswegen zu Animationsevents, um sich von anderen zum Leben animieren zu lassen, aufreizen, dass sie Leben spüren. Doch das ist mitunter schales Leben. Da steigern sie sich in ein Lebensgefühl hinein, das womöglich im nächsten Augenblick wieder vorbei ist und einen faden Nachgeschmack hinterlässt.

Wirklich leben kann nur der, der fähig ist, im Augenblick zu leben. Er ist ganz bei sich. Er ist in seinen Sinnen. Er spürt sich selbst. Er geht durch einen Wald, riecht den Waldgeruch, hört auf das Rauschen des Windes und das Zwitschern der Vögel. Er schaut die Schönheit der Bäume, er sieht, wie die Sonne durch die Blätter der Bäume dringt und alles in ein wunderbares Licht taucht. Er bleibt stehen, wenn er auf eine Lichtung kommt, um sich von der Sonne umstrahlen und wärmen zu lassen. Er nimmt mit allen Sinnen wahr, was sich ihm anbietet. Und das Kleine wird für ihn groß und bedeutend. Er ist nicht abgelenkt von anderen Gedanken.

Wenn er einem Menschen begegnet, lässt er sich ganz auf die Begegnung ein und wird dann oft beschenkt durch das, was der andere Mensch ausstrahlt und ihm vermittelt. Wer ganz im Augenblick und mit allen Sinnen lebt, der muss nicht zum Leben angetrieben werden. Er erlebt Leben in Fülle.

Doch Jesus meint mit dem Leben in Fülle noch etwas anderes: Er ist gekommen, um uns göttliches Leben zu schenken. Die Fülle des Lebens, die wir mit unseren Sinnen wahrnehmen, kann wieder vergehen, wenn wir alt und krank werden, wenn wir sterben.

Doch das Leben, das Jesus uns schenkt, kann uns nicht genommen werden. Wir erfahren mit den Sinnen nicht nur die Natur, sondern das göttliche Leben, das sich in der Natur darbietet. Und wir wissen: Das göttliche Leben, die göttliche Schönheit, die göttliche Liebe, die durch alles hindurchscheint, wird im Tod nicht zerstört werden, sie wird in ihrer ganzen Fülle aufgehen.

Leben in Fülle ist daher immer schon ein Leben, das über den Tod hinausweist. Es ist ein Leben, in dem jetzt schon Zeit und Ewigkeit zusammenfallen. Manchmal dürfen wir so eine Erfahrung machen: Wir sind ganz im Augenblick. Wir vergessen uns selbst, wenn wir einen Sonnenuntergang bestaunen.

In diesem selbstvergessenen Staunen vergessen wir auch die Zeit, da ist ein Augenblick der Ewigkeit, ein Augenblick, in dem die Zeit aufhört, oder besser gesagt: in dem Zeit und Ewigkeit eins sind.

Du legst mir größere Freude ins Herz,
als andere haben bei Korn und Wein in Fülle.

PSALM 4,8

B

Wenn wir ein Fest feiern mit vielen guten Speisen und mit köstlichen Weinen, dann sind wir froh. Freude kommt in uns auf, wenn wir den Wein genießen und uns gegenseitig zutrinken.

Doch der Psalmist meint, diese Freude sei nichts im Vergleich zu der Freude, die Gott uns ins Herz legt. Was ist das für eine Freude? Es ist eine Freude darüber, dass Gott sich um mich kümmert, dass ich von ihm geliebt und angenommen bin. Es ist aber auch eine Freude über all die Wohltaten, die Gott mir Tag für Tag schenkt, eine Freude über meine Gesundheit, eine Freude über die Begegnung mit einem Menschen, eine Freude über ein Wort Gottes, das mich im Herzen berührt, eine Freude über einen Gottesdienst, der mich eintaucht in das Geheimnis der göttlichen Liebe, eine Freude über den Augenblick der Stille, in der ich den Grund des Seins berühre. Und es ist die Freude über das reine Sein, über den Augenblick, in dem ich einfach bin, ohne begründen oder rechtfertigen zu müssen, was ich gerade tue oder bin.

Die Freude, die Gott mir ins Herz legt, ist wie eine Quelle, die auf dem Grund meiner Seele sprudelt. Die Freude ist immer da. Aber oft sind wir abgeschnitten von ihr. Da brauchen wir solche Worte wie im Psalm 4, damit wir wieder mit dieser Quelle der Freude in Berührung kommen. Sobald ein Wort oder eine Begegnung diese innere Quelle in uns aktiviert, steigt die Freude aus dem Grund unserer Seele auf und durchdringt unser Bewusstsein. Dann fühlen wir sie auch.

Aber sie ist immer in uns. Denn es ist die Freude, die Gott selbst uns ins Herz gelegt hat. Sie kann uns von niemand genommen werden. Auch kein Leid oder keine Krankheit vermag uns diese Freude zu rauben. Sie ist eine unerschöpfliche Quelle in unserer Seele, eine göttliche Quelle. Es ist letztlich eine göttliche Freude, oder wie Jesus im Johannesevangelium sagt, »eine vollkommene Freude« (Joh 16,24), die uns niemand nehmen kann.

Dann sagte Mose: Lass mich doch deine Herrlichkeit sehen! Der Herr gab zur Antwort: Ich will meine ganze Schönheit vor dir vorüberziehen lassen und den Namen des Herrn vor dir ausrufen. Ich gewähre Gnade, wem ich will, und ich schenke Erbarmen, wem ich will. Weiter sprach er: Du kannst mein Angesicht nicht sehen; denn kein Mensch kann mich sehen und am Leben bleiben. Dann sprach der Herr: Hier, diese Stelle da! Stell dich an diesen Felsen! Wenn meine Herrlichkeit vorüberzieht, stelle ich dich in den Felsspalt und halte meine Hand über dich, bis ich vorüber bin. Dann ziehe ich meine Hand zurück und du wirst meinen Rücken sehen. Mein Angesicht aber kann niemand sehen.

EXODUS 33,18–23

Der amerikanische Psychologe Abraham Maslow spricht von Gipfelerlebnissen, die wir machen dürfen. Es sind für ihn spirituelle Erfahrungen, die uns das eigene Ego vergessen lassen. So eine Gipfelerfahrung hat Mose auf dem heiligen Berg gemacht.

Oft verbinden sich Gipfelerlebnisse wirklich mit den Gipfeln von Bergen. Denn Berge sind seit jeher etwas Besonderes. Sie haben eine eigene Aura, eine heilige Ausstrahlung. Mose möchte gerne Gottes Herrlichkeit schauen. Gott antwortet auf seine Bitte: »Ich will meine ganze Schönheit vor dir vorüberziehen lassen.« Gott ist wesentlich Schönheit. Das bedeutet aber auch, dass wir in allem Schönen eine Spur Gottes sehen. Gott zieht an Mose vorüber. Aber sein Antlitz darf er nicht sehen. Das darf kein Mensch, ohne zu sterben. Gott hält seine Hand über Mose, während er vorüberzieht. Erst als Gott vorbei ist, zieht er seine Hand vom Gesicht des Mose zurück. So kann er Gottes Rücken sehen. Das ist natürlich ein Bild. Wir können Gott nicht direkt schauen. Aber wir können seine Spuren schauen.

Seine Spuren werden für uns sichtbar in der Schönheit. In einer schönen Landschaft schauen wir etwas von Gottes Schönheit. In einem schönen menschlichen Gesicht spiegelt sich Gottes Schönheit für uns wider.

Und Gottes Spuren lassen sich erkennen im Heiligen. Immer wenn uns etwas heilig vorkommt, immer wenn wir erschauern vor etwas Heiligem, dann erleben wir die Spuren Gottes. Das Heilige ist das Erhabene, das unser Herz emporhebt.

Solche Erfahrungen, die unser Herz erheben, können wir nicht machen. Sie werden uns geschenkt. Gott selbst gewährt sie uns, so wie er sie dem Mose gewährt hat. Aber wenn uns solche Gipfelerfahrung geschenkt wird, sollen wir uns wie Mose in den Felsspalt stellen und ganz im Schauen und Hören sein. Dann werden wir den Rücken Gottes schauen und dabei erschauern.

Leg mich wie ein Siegel auf dein Herz, wie ein Siegel an deinen Arm! Stark wie der Tod ist die Liebe, die Leidenschaft ist hart wie die Unterwelt. Ihre Gluten sind Feuergluten, gewaltige Flammen. Auch mächtige Wasser können die Liebe nicht löschen; auch Ströme schwemmen sie nicht weg. Böte einer für die Liebe den ganzen Reichtum seines Hauses, nur verachten würde man ihn.

HOHESLIED 8,6f

Das Hohelied ist eine Sammlung von Liedern, die das Glück der Liebe in wunderbaren Bildern beschreiben. In den oben zitierten Versen wird die Macht der Liebe besungen.

Wer die Liebe erfährt, der erfährt sie wie ein Siegel auf seinem Herzen. Sie kann nicht mehr von seinem Herzen genommen, aus ihm herausgerissen werden. Sie ist wie ein Siegel, das nicht aufgebrochen werden kann. Und die Liebe ist stark wie der Tod. Sie ist eine gewaltige Flamme und Feuersglut. Die Liebe ist nicht harmlos. Sie hat auch eine Macht, die den Menschen einnehmen kann. Aber es ist eine schöne Macht, der wir uns gerne ergeben. Denn die Liebe verwandelt uns. Sie erfüllt uns mit einer Glut, die ausstrahlt, die uns wärmt und die wie ein Feuer alles Unreine aus uns herausbrennt. Und nichts kann diese Liebe auslöschen, keine Wasserfluten und keine Ströme. Sie ist das Wertvollste, das Gott uns geschenkt hat. Nichts kann man für die Liebe bieten. Der Reichtum ist nichts im Vergleich zu ihr. Und wer den Reichtum höher schätzt als die Liebe, den würde man nur verachten.

Diese Beschreibung zeigt uns, welche Gipfelerfahrung die Liebe sein kann. Sie reißt uns heraus aus dem Trott des Alltäglichen und erfüllt uns mit Lebendigkeit. Wir sind in der Liebe verwandelt. Da glüht alles in uns, und alles in uns blüht auf. So ist die Liebe das Höchste, was den Menschen auszeichnet, und das größte Geschenk, das uns Gott gewährt hat. Sie zu erfahren ist die größte Gipfelerfahrung, die wir machen dürfen. Jeder von uns hat schon Liebe erfahren, auch wenn die Liebe zu einem Menschen nicht immer erwidert worden ist. Aber die Fähigkeit zu lieben ist in jedem. Und die Sehnsucht nach Liebe kennt auch jeder. In der Sehnsucht nach Liebe – so sagt de Saint-Exupéry – ist schon Liebe. Statt zu jammern, dass unsere Liebe nicht immer erwidert wird, sollen wir die Liebe genießen, die auf dem Grund unserer Seele immer da ist, auch wenn wir sie nicht immer spüren. Durch die Sehnsucht nach Liebe und durch konkrete Liebeserfahrungen kann diese Quelle in uns immer wieder aufsteigen, so dass sie das ganze Bewusstsein durchdringt. Dann fühlen wir uns verwandelt und voller Glut und Kraft.

Etwa acht Tage nach diesen Reden nahm Jesus Petrus, Johannes und Jakobus beiseite und stieg mit ihnen auf einen Berg, um zu beten. Und während er betete, veränderte sich das Aussehen seines Gesichtes und sein Gewand wurde leuchtend weiß. Und plötzlich redeten zwei Männer mit ihm. Es waren Mose und Elija; sie erschienen in strahlendem Licht und sprachen von seinem Ende, das sich in Jerusalem erfüllen sollte. Petrus und seine Begleiter aber waren eingeschlafen, wurden jedoch wach und sahen Jesus in strahlendem Licht und die zwei Männer, die bei ihm standen. Als die beiden sich von ihm trennen wollten, sagte Petrus zu Jesus: Meister, es ist gut, dass wir hier sind. Wir wollen drei Hütten bauen, eine für dich, eine für Mose und eine für Elija. Er wusste aber nicht, was er sagte. Während er noch redete, kam eine Wolke und warf ihren Schatten auf sie. Sie gerieten in die Wolke hinein und bekamen Angst. Da rief eine Stimme aus der Wolke: Das ist mein auserwählter Sohn, auf ihn sollt ihr hören. Als aber die Stimme erklang, war Jesus wieder allein. Die Jünger schwiegen jedoch über das, was sie gesehen hatten, und erzählten in jenen Tagen niemand davon.

LUKAS 9,28–36

Von der Verklärung Jesu auf dem Tabor erzählen uns drei von vier Evangelien. Doch nur bei Lukas heißt es, dass Jesus betete, als sich sein Gesicht verwandelte und sein Gewand auf einmal hell erstrahlte.

Das Gebet ist für Lukas der Ort, an dem auch in uns Verwandlung geschehen könnte. Und wenn die Verklärung geschieht, wenn alles in uns klar wird und rein, alles durchlässig für Gottes Licht, dann erscheinen auch uns Mose und Elija. Mose steht für den Gesetzgeber und für den Führer in die Freiheit. Im Gebet kommen wir in Ordnung. Da werden wir auf Gott ausgerichtet, und wir werden frei von unseren eigenen Bedürfnissen und Leidenschaften. Und Elija erscheint, der große Prophet. Durch ihn kommen wir in Berührung mit unserer prophetischen Sendung. Wir spüren, dass wir mit unserer Person etwas von Gott ausdrücken können, was nur durch uns Ausdruck finden kann.

Die Gipfelerfahrung, die Petrus, Johannes und Jakobus auf dem Berg Tabor mit Jesus machen konnten, ist so umwerfend, dass Petrus gleich drei Hütten bauen möchte, um diese Erfahrung festzuhalten. Doch sie lässt sich nicht festhalten. Die Jünger müssen wieder ins Tal. Und sofort nach der Gipfelerfahrung geraten sie in eine dunkle Wolke. Ihr Geist verdüstert sich wieder. Es genügt, dass sie in ihrem Alltag auf die Stimme Jesu hören. Die wird ihnen den Weg weisen.

Manchmal dürfen wir im Alltag solche Gipfelerfahrungen machen. Wir begegnen einem Menschen. Und auf einmal sehen wir klar. Der andere strahlt etwas aus, was uns guttut. Dann wollen wir wie Petrus solche Situationen festhalten. Aber wenn wir eine Begegnung festhalten wollen, verliert sie an Ursprünglichkeit und Glanz. Wir müssen von solchen Gipfelerfahrungen immer wieder in den Alltag absteigen. Aber wir sollen die Erfahrung von Klarheit und Verklärung unseres Lebens in der Erinnerung behalten. Die Jünger erinnern sich mitten im Tal ihres Alltags an das, was sie auf dem Berg der Verklärung erfahren haben. Und dadurch wird ihr Alltag etwas heller und klarer.

ARBEIT

Gott, der Herr, nahm also den Menschen
und setzte ihn in den Garten von Eden,
damit er ihn bebaue und hüte.

GENESIS 2,15

Schon im Paradies, im Garten Eden, hat Gott dem Menschen die Aufgabe gestellt, den schönen Garten zu bebauen und zu behüten. Er soll also die Schöpfung nicht ausbeuten, sondern ihr dienen. Die Aufgabe des Menschen ist es, den Garten zu bebauen, damit die Pflanzen aufblühen und die Bäume Früchte tragen. Der Mensch steht nicht über der Schöpfung, sondern er soll dafür sorgen, dass die Erde Frucht trägt. Er soll die Schöpfung hegen und pflegen.

Der Mensch ist hier der Helfer Gottes. Gott hat um ihn herum den Garten geschaffen. Er hat dafür gesorgt, dass dieser Garten voll von schönen und fruchtbaren Pflanzen ist. Aber jetzt ist es Aufgabe des Menschen, ihn zu hegen und zu pflegen. Erst nach dem Auftrag, den Garten zu pflegen, formt Gott aus dem Ackerboden die Tiere. Er führt die Tiere zum Menschen, dass jener ihnen einen Namen gebe. Der Mensch hat also eine friedliche Beziehung zu den Tieren. Er lebt im Einklang mit ihnen.

Die Geschichte vom Garten Eden, den der Mensch bebauen soll, ist älter als die Schöpfungsgeschichte der Priesterschrift, die in der Bibel dieser Geschichte voransteht und die Schöpfung in sieben Tagen beschreibt. Der Mensch ist darin das Ziel der Schöpfung. Und er soll sich die Erde unterwerfen und über die Tiere herrschen. Diese Sicht hat leider in der Geschichte der Menschehit oft dazu geführt, dass der Mensch die Natur ausbeutete.

Heute haben wir wieder mehr Sympathie für die Aussage der ursprünglichen Schöpfungserzählung, in der der Mensch zum Hüter und Pfleger der Schöpfung wird. Der Mensch ist dafür verantwortlich, dass der Garten Eden aufblüht und Frucht bringt, dass er die Menschen und die Tiere nährt. In dieser Arbeit steckt die Würde des Menschen. Er hat teil an der Schöpferkraft Gottes, der alles wunderbar geschaffen hat. Der Mensch soll den Garten Eden pflegen. Ein Garten ist immer etwas Schönes. So ist es eine wichtige Aufgabe des Menschen, etwas Schönes zu schaffen, die Welt schön zu machen, damit sich Menschen und Tiere an der Schönheit der Schöpfung freuen können. Und das Hegen und Pflegen des Gartens dient dem eigenen Lebensunterhalt. Der Mensch braucht die Früchte des Gartens, um sich ernähren zu können. Sich den eigenen Lebensunterhalt zu verdienen schenkt ihm auch die Freiheit. Er ist nicht auf Wohltäter angewiesen. Es entspricht seiner Würde, selbständig leben zu können.

… als sie wiederkamen, brachte jeder, den sein Herz bewog, und jeder, den sein Geist dazu antrieb, die Abgabe für den Herrn zur Herstellung des Offenbarungszeltes und für seinen gesamten Dienst und die heiligen Gewänder. Männer und Frauen kamen; alle brachten auf eigenen Antrieb hin Spangen, Nasenreife und Fingerringe, Halsketten, allerlei Goldgegenstände, jeder, der Gold für den Herrn als Weihegabe bringen wollte. Alle, die etwas an violettem und rotem Purpur, Karmesin, Byssus, Ziegenhaaren, rötlichen Widderfellen oder Tahaschhäuten bei sich fanden, brachten es. Alle, die eine Abgabe an Silber oder Kupfer leisten wollten, brachten die Abgabe für den Herrn; alle, die Akazienholz beschaffen konnten, geeignet für jede Bearbeitung, brachten es herbei. Alle Frauen, die sich auf Handarbeit verstanden, spannen und brachten das Gesponnene: violetten und roten Purpur, Karmesin und Byssus. Alle kunstfertigen Frauen, die sich angespornt fühlten, spannen Ziegenhaare. Die Sippenhäupter brachten Karneolsteine und Ziersteine für Efod und Lostasche, Balsam und Öl für den Leuchter, für das Salböl und für das duftende Räucherwerk. Alle Männer und Frauen, die ihr Herz dazu trieb, etwas zu irgendeiner Arbeit beizutragen, die der Herr durch Mose anzufertigen befohlen hatte, alle diese Israeliten brachten eine Spende für den Herrn.

EXODUS 35,21–29

Gott hat dem Mose den Befehl gegeben, dass er das Heiligtum, das Zelt Gottes unter den Menschen, schön gestalten soll. Dazu sollen die Israeliten Abgaben leisten. Sie sollen Gold, Silber und Kupfer bringen und mit ihren eigenen Händen die Decken, die Säulen und Querlatten fertigen.

Männer und Frauen sind gefragt, ihre Fertigkeit in den Dienst des Heiligtums zu stellen. Und alle tun es mit willigem Herzen. Sie wurden – so sagt es der Text – von ihrem Herzen dazu getrieben, für das Heiligtum zu arbeiten und ihre Arbeiten unentgeltlich für das heilige Zelt zu spenden. Hier bekommt die Arbeit einen anderen Geschmack.

Hier ist es nicht die Mühsal wie nach der Vertreibung aus dem Paradies, sondern die Freude an der Kunstfertigkeit, die Gott den Männern und Frauen geschenkt hat. Und sie arbeiten gerne, weil sie damit das Heiligtum des Herrn schmücken.

Sie sehen den Sinn in ihrer Arbeit. Aber der Sinn besteht hier nicht darin, seinen Lebensunterhalt zu verdienen. Vielmehr schafft die Arbeit etwas Schönes. Und sie dient dazu, die Herrlichkeit Gottes in dieser Welt aufscheinen zu lassen.

Das Ergebnis der Arbeit ist etwas Schönes, an dem sich die Menschen freuen dürfen, und dient dem Heiligtum. Die Menschen schaffen etwas Schönes, zu dem sie aufschauen dürfen und das ihnen gemeinsam gehört. Keiner ist Besitzer des Heiligtums. Es ist das Kostbarste, was das ganze Volk verehrt. Und dafür arbeiten alle Menschen gern. Sie haben ein Ziel.

Die Freude, die die Leute zur Zeit des Mose beim Ausschmücken ihres Tempels hatten, erlebe ich bei vielen, die sich in Vereinen ehrenamtlich für andere einsetzen, bei Menschen, die Kranke besuchen, die sich in der Hospizarbeit engagieren, die sich um Flüchtlinge kümmern oder bei der Tafel mitarbeiten. All diese Menschen arbeiten oft sehr viel. Aber sie machen es gerne. Sie spüren, dass ihre Arbeit Segen bringt.

Und in gewisser Weise schmücken sie mit ihrer Arbeit den Tempel. Die Menschen, für die sie sorgen, sind alle Tempel Gottes. In ihnen allen wohnt Gottes Herrlichkeit. Indem wir uns für Menschen einsetzen, erleben wir, wie diese Menschen schöner werden, wie sie ihre Würde entdecken, wie sie sich wieder freuen können und ein Strahlen in ihr Gesicht kommt.

Die Apostel versammelten sich wieder bei Jesus und berichteten ihm alles, was sie getan und gelehrt hatten. Da sagte er zu ihnen: Kommt mit an einen einsamen Ort, wo wir allein sind, und ruht ein wenig aus. Denn sie fanden nicht einmal Zeit zum Essen, so zahlreich waren die Leute, die kamen und gingen. Sie fuhren also mit dem Boot in eine einsame Gegend, um allein zu sein.

MARKUS 6,30–32

Jesus hatte die Jünger ausgesandt, um seine Botschaft in die Dörfer zu tragen und die Kranken zu heilen. Jetzt kamen sie zurück und wollten Jesus alles erzählen, was sie erlebt hatten. Doch ständig wurden sie von Leuten gestört. Da lädt Jesus sie ein, an einen einsamen Ort zu fahren, damit sie ganz allein für sich sind, dass sie Zeit füreinander haben und ausruhen können von ihrer Arbeit. Und Jesus selbst hat offensichtlich auch das Bedürfnis, einmal allein zu sein, abseits von den vielen Leuten, die ständig etwas von ihm wollen.

Wir sind stolz, wenn wir gebraucht werden. Und dann verlieren wir unsere Grenzen, das Gespür für das, was noch stimmt für uns. Wir achten auf alle Bedürfnisse der anderen, aber nicht auf die eigenen. Wir hören nur auf die anderen, aber nicht mehr auf die Stimme im eigenen Herzen. Und so sind wir irgendwann ausgebrannt und ausgelaugt. Jesus weiß um diese Gefahr. Er erkennt, dass wir alle begrenzt sind und nicht immer nur geben können. Wir brauchen auch Zeit für uns, in der wir das ansprechen können, was uns selbst bewegt in unserem Herzen. Wir brauchen Zeit, um unsere Erfahrungen zu bearbeiten. Die Jünger können nicht von einer Aufgabe gleich zur anderen übergehen. Sie haben das Bedürfnis, miteinander ihre Erfahrungen zu teilen.

Doch Markus erzählt, dass selbst Jesus mit seinem Versuch, den Jüngern einen Freiraum zu schaffen, keinen Erfolg hat. Die Leute sahen, dass Jesus mit den Jüngern abfuhr, und liefen am Ufer dorthin, wo er mit ihnen hinfahren wollte. Und als Jesus ausstieg, ärgerte er sich nicht, sondern er hatte Mitleid mit ihnen: »denn sie waren wie Schafe, die keinen Hirten haben« (Mk 6,34). Er spürte, dass sie orientierungslos waren, müde, weil sie keinen Sinn in ihrem Leben sahen.

Es gibt Situationen, da wir uns die freie Zeit nehmen und sie gegen alle Bedürfnisse von außen verteidigen müssen. Aber es gibt auch die Situation, in der wir aus Mitleid und Mitgefühl uns auf den einlassen sollen, der unsere Hilfe braucht. Allerdings kann dieses Gebrauchtwerden auch zu einer Falle werden. Weil wir den Eindruck haben, wir würden gebraucht, kommen wir uns wichtig vor und nehmen uns nicht die Zeit, die wir für uns und für Gott brauchen. Wir müssen uns wie Jesus auch eingestehen, dass wir Zeiten des Alleinseins und der Stille brauchen. Wir sind nicht Gott, der immer geben kann. Wir müssen uns auch Zeit für uns nehmen, damit wir dann auch wieder geben können.

Sechs Jahre kannst du in deinem Land säen und die Ernte einbringen; im siebten sollst du es brach liegen lassen und nicht bestellen. Die Armen in deinem Volk sollen davon essen, den Rest mögen die Tiere des Feldes fressen. Das Gleiche sollst du mit deinem Weinberg und deinen Ölbäumen tun. Sechs Tage kannst du deine Arbeit verrichten, am siebten Tag aber sollst du ruhen, damit dein Rind und dein Esel ausruhen und der Sohn deiner Sklavin und der Fremde zu Atem kommen.

EXODUS 23,10–12

Das Volk Israel soll nicht nur den Sabbat halten und nur sechs Tage arbeiten. Es soll auch sechs Jahre lang die Felder bebauen und sie im siebten Jahr brach liegen lassen.

Sowohl der siebte Tag als Ruhetag als auch das siebte Jahr als Ruhejahr dienen nicht nur der Ruhe der Arbeiter. Vielmehr hat hier das Sabbatjahr eine soziale Bedeutung. Die Armen des Volkes sollen von den Feldern essen, wenn sie brach liegen. Gott sorgt also durch diese Regelung für die Armen und zugleich auch für die Tiere. Auch sie sollen vom Brachland fressen.

Die gleiche soziale Bedeutung hat auch der Sabbat. Das Rind und der Esel sollen ausruhen. Sie brauchen auch nicht zu arbeiten. Der Sabbat ist auch eine Wohltat für die Tiere.

Und der Sohn der Sklavin und der Fremde sollen am Sabbat zu Atem kommen. Gott sorgt also durch diese Regelung des Ruhetages und des Ruhejahres für die Armen und Sklaven. Die Einrichtung des Sabbats ist eine Wohltat gerade für die Armen und Fremden und Sklaven.

Diese alten Anordnungen kommen uns auf den ersten Blick fremd und unrealistisch vor. Aber sie haben auch heute noch eine Bedeutung. Wenn wir ausruhen, dient das nicht nur uns selbst, sondern auch der Welt. Doch heute ist der Ruhetag des Sonntags oft ein Tag geworden, an dem wir die Welt noch mehr beanspruchen durch Vergnügungen, die keine Rücksicht auf die Umwelt nehmen.

Unsere Ruhe sollte auch der Schöpfung guttun, den Tieren und Pflanzen. Doch wir haben den Sinn für die Ruhe verloren. Wir haben sie durch Freizeit ersetzt, die aber nicht mehr durch Ruhe geprägt ist, sondern durch eine hektische Unruhe.

Pascal Bruckner, ein französischer Philosoph, hat diese hektische Unruhe sarkastisch als Zeichen eines neuen Menschentyps beschrieben: Er identifiziert »den hyperaktiven Nichtstuer, der immer in Alarmbereitschaft ist, bereit zum Erstürmen des Amüsierbabel«. Und er meint, die Freizeit wird »bald zum Fluch der Armen, zum Schicksal eines zu Brot und Spielen verdammten Plebs« (Bruckner, *Ich leide, also bin ich*, 63).

Der Text aus dem Buch Exodus lädt uns ein, für unsere Ruhe nicht viel zu organisieren oder weit weg zu fahren, um Ruhe zu finden. Es genügt auch, die Ruhe im eigenen Zimmer wahrzunehmen. Wir brauchen uns nur hinzusetzen, die Fenster zu schließen, Radio und Fernseher auszumachen. Dann können wir die Ruhe unseres Zimmers genießen.

Wir können einfach einmal ausruhen, ohne viel dafür tun zu müssen. Oder ein Spaziergang im nahe gelegenen Wald kann zu einer intensiven Erfahrung von Ruhe werden. Wir genießen es, einfach langsam durch den Wald oder auch durch einen Park zu gehen und uns vorzustellen: Jetzt brauchen wir einmal nichts zu tun, als einfach nur da zu sein. Das tut uns gut und auch der Umwelt.

Du lässt die Quellen hervorsprudeln in den Tälern, sie eilen zwischen den Bergen dahin. Allen Tieren des Feldes spenden sie Trank, die Wildesel stillen ihren Durst daraus. An den Ufern wohnen die Vögel des Himmels, aus den Zweigen erklingt ihr Gesang. Du tränkst die Berge aus deinen Kammern, aus deinen Wolken wird die Erde satt. Du lässt Gras wachsen für das Vieh, auch Pflanzen für den Menschen, die er anbaut, damit er Brot gewinnt von der Erde und Wein, der das Herz des Menschen erfreut, damit sein Gesicht von Öl erglänzt und Brot das Menschenherz stärkt. Die Bäume des Herrn trinken sich satt, die Zedern des Libanon, die er gepflanzt hat. In ihnen bauen die Vögel ihr Nest, auf den Zypressen nistet der Storch. Die hohen Berge gehören dem Steinbock, dem Klippdachs bieten die Felsen Zuflucht.

PSALM 104,10–18

In Psalm 104 betrachtet der Beter die Schöpfung und lobt Gott für alle seine Wundertaten. Er erinnert sich an die Schöpfung, die Gott so wunderbar gemacht hat. Und dann schaut er auf die Quellen, aus denen die Wildesel ihren Durst löschen, auf die Vögel des Himmels und ihre Nester, die sie formen. Er preist Gott, dass er in seiner Schöpfung alles gut geordnet und an alle gedacht hat, an die Tiere und an den Menschen. Dem Menschen hat er das Brot geschenkt, das das Herz stärkt, und den Wein, der das Herz erfreut. Immer wieder fängt der Beter an, Gott zu danken für seine Herrlichkeit und für die Schönheit, die er in der Schöpfung wahrnimmt.

Es ist ein gutes Ritual, den Tag mit einem Lob zu beginnen. Wir öffnen morgens das Fenster und schauen in die Schöpfung. Wir preisen Gott, dass jeden Morgen die Sonne aufgeht und alle Dunkelheit vertreibt, für den morgendlichen Glanz, den sie verbreitet. Wir loben Gott für die Schönheit der Schöpfung, an der wir uns freuen können. Und wir danken ihm für die Gaben, die er uns heute schenken wird, für das Brot und das Öl und den Wein, mit dem er unser Herz mit Freude erfüllt.

Und es ist ein gutes Ritual, am Abend Gott zu danken für alle Wohltaten, die er uns heute geschenkt hat, dass er uns heute Speise zur rechten Zeit gegeben hat. Am Abend können wir Gott unsere Hände in Form einer Schale hinhalten und ihm danken für alles, was er uns in die Hand gelegt hat, an schönen Erfahrungen, an Fähigkeiten, wie zum Beispiel Kraft oder Klarheit, Zärtlichkeit oder Kreativität.

Wenn wir den Tag mit Lob beginnen und mit Dank beenden, dann ist es ein guter Tag, ein gesegneter Tag. Wir gehen nicht blind durch die Welt, sondern nehmen Gottes Schönheit und Gottes Wohltaten wahr. Durch die Rituale des Dankes und des Lobpreis wird unser eigenes Herz von

Freude erfüllt. Es weitet sich und wird offen für den Reichtum des Lebens, den Gott uns schenken möchte.

Rituale schaffen eine heilige Zeit, eine Zeit, die uns gehört und die Gott gehört, eine Zeit, über die niemand sonst verfügen kann. Wenn wir täglich unsere persönlichen Rituale üben, so haben wir das Gefühl: Wir leben selbst, anstatt gelebt zu werden. Im Ritual kommen wir mit uns in Berührung. Da können wir aufatmen. Da sind wir frei.

Die heilige Zeit des Rituals wird auch die übrige Zeit des Tages verwandeln. Und die Rituale geben Halt. Sie strukturieren den Tag und bieten uns immer wieder an, zu bestimmten Stunden Halt zu machen, innezuhalten, um im Innern Halt zu finden. Dieser Halt ist gerade für Menschen heilsam, die sich sonst einfach treiben lassen, die gelebt werden, anstatt selbst zu leben.

Ich kenne depressive Menschen, die durch Rituale wieder gesund geworden sind. Sie versinken nicht in Traurigkeit, sondern finden im Ritual Halt. Rituale vermitteln gerade einsamen und alten Menschen das Gefühl von Heimat. Sie sind daheim in dem Leben, das sie durch Rituale selbst gestalten.

Und Rituale geben Anteil an den Wurzeln, an der Lebenskraft und Glaubenskraft der Vorfahren. Wurzellose Menschen werden leichter krank. Aus den Wurzeln beziehen wir unsere Kraft, um den Anforderungen des Tages gewachsen zu sein.

2

»EINER TRAGE
DES ANDEREN LAST«

Mit mir selbst und anderen leben lernen

Wohl dem Mann, der nicht dem Rat der Frevler folgt, nicht auf dem Weg der Sünder geht, nicht im Kreis der Spötter sitzt, sondern Freude hat an der Weisung des Herrn, über seine Weisung nachsinnt bei Tag und bei Nacht. Er ist wie ein Baum, der an Wasserbächen gepflanzt ist, der zur rechten Zeit seine Frucht bringt und dessen Blätter nicht welken. Alles, was er tut, wird ihm gut gelingen. Nicht so die Frevler: Sie sind wie Spreu, die der Wind verweht. Darum werden die Frevler im Gericht nicht bestehen noch die Sünder in der Gemeinde der Gerechten. Denn der Herr kennt den Weg der Gerechten, der Weg der Frevler aber führt in den Abgrund.

PSALM 1

Der Psalmist unterscheidet zwei Wege: den Weg des Gerechten und den Weg des Frevlers. Der Mensch hat zu wählen zwischen diesen beiden Wegen. Der erste Weg zeichnet sich dadurch aus, dass wir nicht über andere spöttisch reden, sondern unsere Lust haben an der Weisung des Herrn und Tag und Nacht über sie nachsinnen, sie ständig meditieren. Wer so lebt, der ist wie ein Baum am Wasserbach. Er bringt reiche Frucht. Der Frevler dagegen wird nicht bestehen. Der Frevler ist wie die Spreu, die der Wind vor sich hertreibt.

Wir sind also vor die Frage gestellt, welchen Weg wir gehen wollen. Der Frevler ist in der Sprache der Psalmen nicht unbedingt der, der große Verbrechen verübt, sondern einfach der, der sich nicht um Gottes Weisung kümmert, der meint, er könne nach seinen eigenen Launen und Wünschen leben, er brauche nicht Rücksicht zu nehmen auf die anderen Menschen und schon gar nicht auf Gott. Der Frevler ist der gottvergessene Mensch. Das deutsche Wort »Frevler« meint den frechen, verwegenen, stolzen und trotzigen Menschen, der sich an nichts hält, sondern meint, er könne alles, was er will. Doch so ein Mensch hat keine Wurzeln, er vertrocknet. Er wird hin und her gewirbelt wie Spreu im Wind. So lädt uns der Psalm ein, uns für den Weg des weisen und gerechten Menschen zu entscheiden, der Freude hat an den Weisungen Gottes. Für ihn sind die Weisungen Gottes keine Last, sondern ein Wegweiser, wie sein Leben gelingt.

Die Griechen kennen die Sage von Herakles am Scheideweg. Herakles muss sich am Scheideweg entschließen, ob er der Frau folgt, die die Tugend verkörpert, oder der Frau, die ihn für das Vergnügen gewinnen will. Wir stehen täglich vor der Frage, ob wir uns für das bewusste Leben entscheiden oder ob wir uns einfach treiben lassen, ob wir uns für das Leben oder den Tod, für die Freude oder das Selbstmitleid, für das Vertrauen oder die Angst entscheiden. Der Psalm lädt uns ein, uns für das Leben zu entscheiden.

Dieses Gebot, auf das ich dich heute verpflichte, geht nicht über deine Kraft und ist nicht fern von dir. Es ist nicht im Himmel, sodass du sagen müsstest: Wer steigt für uns in den Himmel hinauf, holt es herunter und verkündet es uns, damit wir es halten können? Es ist auch nicht jenseits des Meeres, sodass du sagen müsstest: Wer fährt für uns über das Meer, holt es herüber und verkündet es uns, damit wir es halten können? Nein, das Wort ist ganz nah bei dir, es ist in deinem Mund und in deinem Herzen, du kannst es halten.

DEUTERONOMIUM 30,11–14

Manche meinen, die Gebote Gottes würden uns überfordern. Sie seien eine Last für uns. Doch Mose sagt den Israeliten hier, dass das Gebot nicht über ihre Kraft geht. Es ist nicht ein weltfremdes Gebot, sondern eine Weisung, die dem Menschen ganz nahe ist, die seinem Wesen entspricht. Es ist in seinem Herzen und in seinem Mund. Das meint: Das Gebot, das Gott gibt, entspricht dem Wesen des menschlichen Herzens. Unser Herz, wenn es ehrlich ist, denkt genauso wie die Weisung Gottes.

Die Bibel spricht von Weisung – hebräisch *tora* – und nicht von Gebot. Im Deutschen sprechen wir von Geboten, und das ist für uns negativ besetzt. Doch »Gebot« kommt von »bieten«, also »anbieten, darreichen, gebieten«. Und dieses Wort bedeutet ursprünglich: »erwachen, bemerken, geistig rege sein«. »Gebot« hat also die gleiche Wurzel wie *Buddha*, das heißt: »der Erwachte«. Die Gebote wollen uns aufwecken, damit wir die Welt so sehen, wie sie wirklich ist. Sie entspringen nicht der Willkür Gottes, sondern seiner Sorge um den Menschen, damit wir unserem Wesen gemäß leben.

Die Israeliten haben daher die Gebote Gottes als Wohltat erfahren, als das, was ihrem Herzen entspricht und die Weisheit des Herzens schützt. Wir können uns ja einmal vorstellen, wie es wäre, wenn es keine Gebote gäbe. Dann würden wir uns orientierungslos fühlen. Und die Gesellschaft würde uns Angst machen, weil in ihr keine Klarheit herrschte, keine Ordnung, auf die wir uns verlassen könnten. Gebote geben auch uns mitten in der unsicheren Welt Sicherheit und Vertrauen.

Wenn Heiden, die das Gesetz nicht haben, von Natur aus das tun, was im Gesetz gefordert ist, so sind sie, die das Gesetz nicht haben, sich selbst Gesetz. Sie zeigen damit, dass ihnen die Forderung des Gesetzes ins Herz geschrieben ist; ihr Gewissen legt Zeugnis davon ab, ihre Gedanken klagen sich gegenseitig an und verteidigen sich …

RÖMER 2,14f

B

Gott hat nicht nur den Juden das Gesetz geschenkt. Er hat es in jedes menschliche Herz gelegt. Auch die Heiden – die Nichtgläubigen –, aber auch die Vertreter anderer Religionen haben das Gesetz Gottes in ihrem Herzen. Wenn sie ihrem Herzen folgen, dann handeln sie von sich aus nach dem Gebot Gottes. Das Gesetz ist jedem ins Herz geschrieben, und die Instanz, die dem Menschen zeigt, was es gebietet, ist das Gewissen.

Paulus spricht hier von griechisch *syneidesis*. Es ist das Zusammenschauen von dem, was wir außen sehen, und dem inneren Wissen unseres Herzens. Unser Herz bewertet alles, was wir erleben, und das Gewissen erinnert uns an die Gebote Gottes, es ruft uns zur Umkehr, dass wir ihnen folgen. Wer auf sein Gewissen hört, der erkennt, was Gott von ihm will. Und das Gewissen mahnt ihn, dem zu folgen, was das Gesetz Gottes den Menschen auch ausdrücklich gesagt hat. Aber kein Mensch kann sich darauf berufen, dass er die Gebote Gottes nicht kennt. Denn Gott hat sie jedem Menschen ins Herz geschrieben.

Das ist unabhängig von der Religion, von der Kultur und auch unabhängig vom sozialen Umfeld. Auch ein Mensch, der in schlechter Gesellschaft aufwächst, hat in seinem Gewissen eine Ahnung von dem, was seinem Wesen entspricht. Daher – so sagt Paulus – ist kein Mensch entschuldbar (vgl. Röm 1,20). Jeder hat ein Gewissen. Aber oft genug unterdrücken wir das Gewissen. Die Gier nach immer mehr ist uns auf einmal wichtiger, als auf das Gewissen zu hören.

Paulus mahnt uns, dem Gewissen zu folgen. Sonst entsteht in uns ein Zwiespalt, der uns nicht guttut. Wir leben nach außen hin etwas, was unserem inneren Gewissen widerspricht. Das macht uns entweder hart und unsensibel oder aber krank. Nach dem Gewissen zu leben schenkt uns inneren Frieden.

Begreift ihr nicht, dass alles, was durch den Mund (in den Menschen) hineinkommt, in den Magen gelangt und dann wieder ausgeschieden wird? Was aber aus dem Mund herauskommt, das kommt aus dem Herzen, und das macht den Menschen unrein. Denn aus dem Herzen kommen böse Gedanken, Mord, Ehebruch, Unzucht, Diebstahl, falsche Zeugenaussagen und Verleumdungen. Das ist es, was den Menschen unrein macht; aber mit ungewaschenen Händen essen macht ihn nicht unrein.

MATTHÄUS 15,17–20

Die Pharisäer regen sich auf, weil die Jünger Jesu ihre Hände nicht waschen vor dem Essen. Das macht sie vor dem Gesetz unrein. Außerdem darf der Mensch keine unreinen Speisen essen. Das macht ihn auch unrein.

Gegen diese engen Regeln ritueller Reinheit setzt Jesus das Wort: Nicht das, was in den Mund hineingeht, macht ihn unrein, sondern das, was aus dem Mund herauskommt. Denn das kommt aus dem Herzen. Und wenn aus dem Herzen böse Gedanken und böse Taten kommen, dann wird der Mensch dadurch verunreinigt.

Es geht also darum, das Herz zu reinigen und nicht die Hände. Die Hände reinigen kann ein Zeichen von Anstand sein. Aber das Entscheidende ist, ob die Menschen miteinander in reiner Weise, ohne Nebenabsichten, umgehen oder ob sie übereinander schlecht denken, einander verleumden oder einander bestehlen oder morden.

Jesus verlagert das rein Rituelle auf die Ethik. Um die ethische Gesinnung und Tat geht es und nicht um äußere Vorschriften. Entscheidend ist, was das Miteinander des Menschen ermöglicht. Und ein gutes Miteinander entsteht nur, wenn der Mensch ein reines Herz hat, ohne Nebenabsichten. Daher preist Jesus die selig, die ein reines Herz haben (vgl. Mt 5,8). Es ist unsere Aufgabe, unser Herz immer wieder zu reinigen von Gedanken und Emotionen, die unseren Geist eintrüben.

Die Stille ist ein guter Weg, uns innerlich zu reinigen. Es ist wie beim Wein. Auch der muss stehen bleiben, damit das Trübe sich nach unten setzen kann.

Die Frucht des Geistes aber ist
Liebe, Freude, Friede, Langmut,
Freundlichkeit, Güte, Treue, Sanftmut
und Selbstbeherrschung …

GALATER 5,22f

Es sind neun Haltungen und Tugenden, die Paulus als Früchte des Geistes aufzählt. Diese Tugenden soll der Christ anstreben. Es nützt ihm nichts, wenn er nur vom Geist redet und meint, er sei vom Geist erfüllt. Der Geist Gottes will sich im Menschen in konkreten Haltungen und Verhaltensweisen ausdrücken. In diesen neun Tugenden wird das Bild sichtbar, das Paulus vom Menschen hat.

Die erste Haltung ist die Liebe. Sie ist zentral. Das hat Paulus schon in seinem Lobpreis auf die Liebe in 1 Korinther 13 festgehalten.

Aber auch die Freude als Grundstimmung des Menschen ist eine Frucht des Geistes. Sie ist mehr als nur eine psychische Konstitution. Wer vom Geist Jesu durchdrungen ist, der ist voller Freude, dessen Herz ist weit geworden. Und diese Weite des Herzens drückt sich dann in Frieden und Langmut aus. Langmut ist das große Gemüt, das große und weite Herz. Und Frieden ist die Fähigkeit, alle verschiedenen Töne in diesem Herzen zusammenklingen zu lassen.

Freundlichkeit und Güte gehören zusammen. Freundlichkeit bezieht sich mehr auf die Ausstrahlung, während die Güte mehr das Gutsein meint. Der Mensch, der vom Geist geprägt ist, ist gut und verhält sich nach außen gut gegenüber anderen Menschen.

Treue meint immer die Treue zu einem Menschen. Ich stehe zu diesem Menschen. Er kann sich auf mich verlassen. Sanftmut ist das friedliche Verhalten dem Mitmenschen gegenüber. Das deutsche Wort meint den Mut zum Sanften. Sanft kommt von Sammeln. Es ist der Mut, alles in mir zu sammeln, alles in mir anzunehmen. Dann bin ich auch fähig, den anderen mit allem, was ihn ausmacht, anzunehmen.

Und als letzte Haltung zählt Paulus den hellenistischen Begriff der *enkrateia* auf, der Selbstbeherrschung und Selbstzucht bedeutet. Der Mensch herrscht über sich selbst und wird nicht von seinen Begierden beherrscht. Er kommt dem anderen griechischen Begriff der *askesis*, der Übung, des Trainings, nahe. Der Christ soll sich einüben in die innere Freiheit.

Niemand hat diese neun Tugenden als Besitz. Sie werden uns geschenkt, aber zugleich sollen wir sie einüben. Sie geben das Ziel an, auf das hin wir unterwegs sind. Und wir sind ein Leben lang auf dem Weg, diese Haltungen einzuüben, damit sie verinnerlicht werden und unsere Ausstrahlung prägen.

Es wäre eine gute Anleitung, sich jeden Tag eine andere Haltung vorzunehmen, um heute bewusst diese Haltung einzuüben. In meinem Buch »50 Engel für das Jahr« habe ich jede Haltung mit einem Engel verbunden. Wir müssen die Tugend nicht angestrengt in uns erzeugen. Sie ist schon in uns.

Der Engel der Liebe, der Engel der Freude und der Engel der Sanftmut bringen uns in Berührung mit diesen Haltungen und Tugenden, die in unserer Seele vorhanden, von denen wir aber oft genug abgeschnitten sind.

Wenn wir uns vom Engel mit der Tugend in Berührung bringen lassen, die wir uns heute gewählt haben, dann wird unser Leben reicher. Die Tugend ist ja eine Gabe, die uns zum Leben befähigt, die uns die Fähigkeit schenkt, unser Leben so zu gestalten, dass es gelingt.

Wenn es also Ermahnung in Christus gibt, Zuspruch aus Liebe, eine Gemeinschaft des Geistes, herzliche Zuneigung und Erbarmen, dann macht meine Freude dadurch vollkommen, dass ihr eines Sinnes seid, einander in Liebe verbunden, einmütig und einträchtig, dass ihr nichts aus Ehrgeiz und nichts aus Prahlerei tut. Sondern in Demut schätze einer den anderen höher ein als sich selbst. Jeder achte nicht nur auf das eigene Wohl, sondern auch auf das der anderen. Seid untereinander so gesinnt, wie es dem Leben in Christus Jesus entspricht …

PHILIPPER 2,1–5

Im Galaterbrief beschreibt Paulus die Haltungen, die als Früchte des Geistes gelten. Hier im Philipperbrief stellt er seinen Lesern Jesus Christus als Vorbild vor Augen. Sie sollen so gesinnt sein wie Jesus Christus. Die Haltungen, die Paulus an ihm abliest und den Philippern empfiehlt, zielen alle auf die Gemeinschaft untereinander. Eine Sorge darum quält offensichtlich den Apostel, der im Gefängnis sitzt und nur durch Worte dazu beitragen kann, dass die Gemeinschaft der Neubekehrten nicht auseinanderfällt, sondern miteinander im Einklang bleibt. Paulus will seine Brüder und Schwestern in Christus ermutigen, ihnen gut und liebevoll zureden und sie auf die Einheit hinweisen, die sie durch den Heiligen Geist empfangen haben. Und er spricht das Erbarmen und Mitgefühl an, das ihnen in Jesus Christus begegnet ist. Diesen Vorgaben, die sie durch Christus bekommen haben, soll nun ihr Verhalten entsprechen. Und mit einem Verhalten, das aus dem Geist Jesu fließt, bereiten sie ihm eine große Freude.

Vier Bitten spricht Paulus aus: die Philipper sollen dasselbe denken, die gleiche Liebe hegen, eine Seele werden und das Eine im Sinn haben. Im Griechischen sind diese vier Forderungen eingerahmt durch das zweimalige *phronein*, das »sinnen, bedenken« bedeutet. Die Philipper sollen einmal »dasselbe« und dann das »Eine« bedenken. Sie sollen in die gleiche Richtung denken. Paulus interpretiert das mit der gleichen Liebe. Sie sollen eine Liebe haben, die allen gilt.

Und dann spricht er von dem »Einen«, auf das sie sinnen sollen, *to hen*, ein wichtiger Begriff in der griechischen Philosophie. Die Griechen litten unter der inneren Zerrissenheit zwischen Geist und Trieb, zwischen Denken und Fühlen, zwischen den verschiedenen Bedürfnissen. Und sie litten unter der Spaltung, die immer wieder die menschlichen Gemeinschaften auseinanderbrachte. Die Philipper sollen auf Einheit bedacht sein. Sie sollen das Eine Notwendige und Entscheidende bedenken, das sie in Jesus Christus empfangen haben: seinen heiligen Geist der Einheit, seine Liebe, die die Zerrissenheit aufhebt. Wenn sie auf das Eine sinnen, dann wachsen ihre Seelen zusammen, sie werden *sympsychoi*. Die Gemeinschaft bekommt gleichsam eine einzige Seele.

Offensichtlich war das die größte Sorge des Apostels im Gefängnis, dass die Gemeinde, die er aufgebaut hatte, innerlich auseinanderfallen könnte. Dabei denkt er nicht an Irrlehrer, sondern an die auseinanderstrebenden Tendenzen, die in jeder Gemeinschaft am Werk sind: Machtspiele, Vorurteile, Sympathien und Antipathien. Zwei Haltungen gefährden vor allem das Gemeinschaftsleben: Streitsucht und eitle Prahlerei, nichtige Ruhmsucht. Die Streitsucht kommt aus einem in sich zerrissenen Herzen. Wer ständig mit anderen streitet, verlagert seine innere Zerrissenheit auf die anderen. Weil er in sich gespalten ist, spaltet er andere. Die leere Ruhmsucht trifft man vor allem bei Menschen an, die voller Minderwertigkeitskomplexe sind. Sie müssen ständig über sich reden und sich rühmen. Doch der griechische Ausdruck meint, dass dieses Rühmen leer ist. Es sind nur Worte, die keiner Wirklichkeit entsprechen. Daher hinterlässt solches Rühmen bei den Zuhörern einen faden und leeren Beigeschmack.

Die Grundbedingung für ein gedeihliches Gemeinschaftsleben ist für Paulus die Demut. Die Demut ist der Mut, die eigene Menschlichkeit mit ihren Höhen und Tiefen wahrzunehmen und anzunehmen. Für Paulus drückt sich das Wesen der Demut darin aus, dass ich den anderen höher achte als mich selbst. Das bedeutet nicht, dass ich mich kleiner mache, als ich bin. Es geht nicht darum, sich selbst zu entwerten, um die anderen aufzuwerten. Ich kann den Wert des anderen nur anerkennen, wenn ich auch um meinen eigenen Wert weiß. Aber ich brauche meine Würde nicht zu beweisen. Ich bin frei, den anderen in seiner Würde zu sehen und mich daran zu freuen. Und ich bin frei, von mir selbst abzusehen und auf das zu sehen, was die anderen brauchen. Demut ist also nicht Selbstentwertung, sondern innere Freiheit und Wertschätzung des anderen. Und in der Demut steckt das Gespür für das, was dem anderen guttut. Solche Haltung ist notwendig, damit Menschen miteinander einmütig zusammenleben können, ohne ständigen Konkurrenzkampf, ohne Druck, mit anderen zu rivalisieren.

Paulus wünscht von den Philippern, dass sie auf dasselbe bedacht sind, das Jesus Christus in seiner Menschwerdung, in seinem Leben und Sterben bestimmt hat. Sie sollen sich in die Gesinnung Jesu hineinmeditieren. Dann wird ihr Miteinander gelingen. Und sie werden mit ihrem Leben Zeugen für Christus. Paulus sieht dabei weniger auf die geschichtliche Person Jesus mit ihrer individuellen Psychologie. Er erkennt die Gesinnung Jesu vielmehr schon in seiner Menschwerdung. Da ist Jesus hinabgestiegen. Da hat er Demut erwiesen. Und diese Demut gipfelte in seinem Tod am Kreuz.

Wenn ich in den Sprachen der Menschen und Engel redete, hätte aber die Liebe nicht, wäre ich dröhnendes Erz oder eine lärmende Pauke. Und wenn ich prophetisch reden könnte und alle Geheimnisse wüsste und alle Erkenntnis hätte; wenn ich alle Glaubenskraft besäße und Berge damit versetzen könnte, hätte aber die Liebe nicht, wäre ich nichts. Und wenn ich meine ganze Habe verschenkte und wenn ich meinen Leib dem Feuer übergäbe, hätte aber die Liebe nicht, nützte es mir nichts. Die Liebe ist langmütig, die Liebe ist gütig. Sie ereifert sich nicht, sie prahlt nicht, sie bläht sich nicht auf. Sie handelt nicht ungehörig, sucht nicht ihren Vorteil, lässt sich nicht zum Zorn reizen, trägt das Böse nicht nach. Sie freut sich nicht über das Unrecht, sondern freut sich an der Wahrheit. Sie erträgt alles, glaubt alles, hofft alles, hält allem stand. Die Liebe hört niemals auf. Prophetisches Reden hat ein Ende, Zungenrede verstummt, Erkenntnis vergeht.

1 KORINTHER 13,1–8

Paulus schreibt hier weder über die Liebe zu Gott noch zum Menschen, noch über die Liebe zwischen Mann und Frau, sondern über die Liebe als Macht, als Fähigkeit, als Kraft, die das Leben verändert und ihm einen Geschmack von Weite und Freiheit und Zärtlichkeit schenkt. Im vorhergehenden 12. Kapitel hatte er die verschiedenen Gnadengaben des Heiligen Geistes beschrieben. Gott hat durch den Heiligen Geist der Gemeinde in Korinth Charismen verliehen, das Charisma der Weisheit, der Glaubenskraft, der Krankenheilung, des prophetischen Redens, der Unterscheidung der Geister, der Zungenrede. Im 13. Kapitel will er die Korinther nun aufrufen, nicht auf die spektakulären Gaben des Geistes zu setzen, sondern nach den höheren Gnadengaben zu streben. Die höchste Gnadengabe, die der Geist gibt, ist die Liebe. So zeigt Paulus einen Weg, wie christliches Leben gelingt. Und er beschreibt, welche Möglichkeiten Gott uns durch die Liebe ins Herz gesenkt hat. Gott selbst ermöglicht uns die Liebe. Doch unsere Aufgabe ist es, nach dieser Liebe, die uns als Gabe geschenkt wird, auch zu streben, sie auch in unserem konkreten Leben zu verwirklichen.

Paulus schreibt in diesem kunstvoll aufgebauten Kapitel nicht vom Tun des Liebenden, also weder von der Bruderliebe noch von der Gottesliebe. Vielmehr ist die Liebe hier gleichsam personifiziert. Sie ist nicht nur eine Gabe Gottes, sondern hat teil an Gott selbst, und in ihr bekommen wir Anteil an Gott. Paulus ist in diesem Text von seiner philosophischen Bildung beeinflusst. Sowohl Platon als auch Aristoteles haben über das Geheimnis der Liebe geschrieben. Für Platon ist die Liebe eine göttliche Kraft, die das ganze Sein der Welt durchdringt und dazu führt, dass die Welt nicht auseinanderfällt, sondern das Getrennte sich immer wieder miteinander verbindet. Diese Lehre hat in unserer Zeit vor allem Gabriel Marcel wieder aufgegriffen. Für den französischen Philosophen ist Liebe mit dem Sein identisch. Die Liebe ist der Urgrund allen Seins. Sie ist in allem präsent. Die Liebe ist auch der Grund des menschlichen Seins.

Für mich ist diese philosophische Sicht der Liebe wichtig. Denn immer wenn wir die Liebe nur moralisierend betrachten als Befehl, dass wir andere selbstlos lieben müssten, überfordert sie uns. Die erste Botschaft des Apostels Paulus ist, dass die Liebe eine Gabe Gottes ist, eine Macht, die unser Leben verwandelt. Die Liebe ist für Paulus letztlich der Heilige Geist, den Gott uns schenkt. Der Heilige Geist ist Liebe. So sagt Paulus im Römerbrief: »Die Liebe Gottes ist ausgegossen in unsere Herzen durch den Heiligen Geist, der uns gegeben ist.« (Röm 5,5) Die Liebe ist also etwas Göttliches, etwas, das von Gott stammt und das selbst Gott ist. In der Liebe haben wir immer schon teil an Gott. Aber diese göttliche Liebe drückt sich in unserer menschlichen Liebe aus, in der Liebe zwischen Mann und Frau, in der Liebe zum Nächsten, in der Selbstliebe und in der Liebe zu Gott. All diese Formen der Liebe geben uns Anteil an der Macht der Liebe, die Paulus beschreibt, an der Liebe, die unserem Leben eine neue Qualität von Lebendigkeit und Glück beschert und unsere Wunden heilt.

Die eigentliche Botschaft des Textes ist für mich: Auch wenn du dich momentan nicht geliebt fühlst und keinen

Menschen hast, mit dem du in Liebe verbunden bist, so traue der Liebe, die in dir ist. Du hast eine Ahnung von Liebe in dir. Du sehnst dich nach Liebe. In deiner Sehnsucht nach Liebe ist schon Liebe. Wenn du an der Liebe leidest, weißt du dennoch, was Liebe ist. Traue also der Liebe, die in dir ist, ganz gleich, ob du momentan verliebt bist oder nicht, ob du von einem Menschen geliebt wirst oder nicht. In dir ist die Gabe der Liebe. Gott selbst hat die Liebe in dein Herz gesenkt. Traue dieser Liebe. Lass sie in dir zu. Spüre sie. Genieße sie. Sie macht dein Leben reicher. Und sie verleiht dir viele Möglichkeiten, auf gute Weise zu leben. Versuche, diese Möglichkeiten der Liebe auch zu leben. Dann wird dein Leben wahrhaft gelingen. Dann wirst du die Gaben der Liebe dankbar erfahren dürfen.

Wenn du die Worte aus 1 Korinther 13 hörst, dann lass sie in dein Herz fallen. Und du wirst spüren, dass sie deine tiefste Sehnsucht nach Liebe ansprechen. Sage nicht, die Worte sind zu hoch für dich. Frage dich auch nicht sofort, ob du sie erfüllen kannst. Komme durch die Worte in Berührung mit der Liebe, die auf dem Grund deines Herzens schlummert und durch diese Worte geweckt werden möchte, damit sie dein ganzes Sein durchdringt.

Liebe Brüder, wir wollen einander lieben;
denn die Liebe ist aus Gott,
und jeder, der liebt, stammt von Gott
und erkennt Gott.
Wer nicht liebt,
hat Gott nicht erkannt;
denn Gott ist die Liebe.

1 JOHANNES 4,7f

Johannes verbindet in seinem Brief die Liebe, die wir einander erweisen, mit der Liebe, die Gott selbst ist. Wer liebt, der ist aus Gott heraus geboren, wie es im Griechischen genau heißt. Und wer liebt, der erkennt Gott. Gnosis, Erkenntnis, war die Ursehnsucht der Griechen. Doch Johannes verbindet diese Erkenntnis mit der Liebe. Es gibt keine abstrakte Erkenntnis Gottes, keine rein theoretische.

Ich erkenne Gott, indem ich liebe. Denn die Liebe ist aus Gott, sie strömt aus Gott heraus. Und indem ich liebe, habe ich teil an der Liebe, die aus Gott heraus in mein Herz strömt.

Und dann definiert Johannes Gott: Gott ist Liebe. Im Griechischen steht kein Artikel »Gott ist *die* Liebe«, sondern einfach: Gott ist Liebe. Johannes identifiziert Gott nicht mit der Liebe, wie es die deutsche Übersetzung tut. Er beschreibt vielmehr das Wesen Gottes als Liebe. Gott ist lauter Liebe. Das Sein Gottes verströmt sich als Liebe.

Im weiteren Verlauf seines Briefes kommt Johannes immer wieder auf die Beziehung zwischen Gott als Liebe und der Liebe zum Bruder und zur Schwester zu sprechen. Wer meint, er würde Gott lieben, ohne seinen Nächsten zu lieben, der hat nichts von Gott und nichts von der Liebe verstanden. Er macht sich etwas vor. »Denn wer seinen Bruder nicht liebt, den er sieht, kann Gott nicht lieben, den er nicht sieht.« (1 Joh 4,20)

Die Voraussetzung unserer Fähigkeit, einander zu lieben, ist Gott, der selbst Liebe ist. Von Gott her strömt die Liebe zu uns und in uns hinein. Aber wir können diese Liebe nicht nur für uns genießen. Sie will durch uns weiterströmen zu den Menschen. Wer dieses Strömen verweigert, der verfälscht die Liebe, die er erfahren hat. Er wird zum Lügner und Heuchler. Nur wer sich selbst und den Nächsten liebt, hat Gott richtig verstanden und erfahren.

Viele werden diesen Gedanken über die Liebe zustimmen. Aber die Realität sieht oft anders aus. Wir meinen, wir würden unsere Kinder lieben. Aber dann lieben wir sie nur, solange sie unsere Erwartungen erfüllen. Andere sagen, dass sie die Tiere lieben, aber sie merken gar nicht, wie hart sie mit Menschen umgehen, die nicht auf der gleichen Wellenlänge liegen.

Oft ist die Liebe nur ein Teil unserer Seele. Der andere Teil ist von Hass geprägt, und wir sind dann innerlich gespalten. Die Nazischergen waren daheim manchmal treusorgende Familienväter, doch das hat sie nicht daran gehindert, zu anderen Menschen brutal und barbarisch zu sein.

Jeder Mensch hat etwas oder jemanden, das oder den er liebt. Aber die Frage ist, ob die Liebe alle unsere Verhaltensweisen und alle unsere Beziehungen prägt. So ist es unsere Aufgabe, sie, die auf dem Grund unserer Seele als Quelle vorhanden ist, in all unser Denken und Sprechen und Handeln hineinfließen zu lassen, sie zu allen Menschen hinströmen zu lassen. Das ist eine lebenslange Aufgabe. Denn immer wieder sind wir in Gefahr, uns innerlich aufzuspalten in einen liebenden und hassenden Menschen. Die Liebe sollte diese Spaltung überwinden.

Höre, Israel! JHWH, unser Gott, JHWH ist einzig. Darum sollst du den Herrn, deinen Gott, lieben mit ganzem Herzen, mit ganzer Seele und mit ganzer Kraft. Diese Worte, auf die ich dich heute verpflichte, sollen auf deinem Herzen geschrieben stehen.

DEUTERONOMIUM 6,4–6

In diesem Vers ist ein Glaubensbekenntnis beschrieben. Jeder gläubige Jude soll sich täglich vorsagen: »Höre Israel! JHWH, unser Gott, JHWH ist einzig.« Da JHWH der einzige Gott ist, gilt es für den Gläubigen, sich für ihn zu entscheiden und sich von allen anderen Göttern und Götzen abzuwenden. Die Grundentscheidung des jüdischen Gläubigen ist die Entscheidung für den einen wahren Gott. Aber diese Grundentscheidung muss sich dann ausdrücken in der Liebe zu ihm. Der Fromme soll sein ganzes Herz, seine ganze Seele mit ihrer ganzen Kraft auf ihn hin ausrichten. Liebe ist hier weniger emotional gemeint, sondern als Entscheidung für Gott. Ich setze mein ganzes Sein auf ihn, er ist der Grund meines Lebens und das Ziel meiner Sehnsucht. Und ihm gilt meine ganze Liebe.

Wir stehen täglich vor der Grundentscheidung, ob wir einen einzigen Gott verehren oder viele Götzen, ob uns das Geld oder die Anerkennung wichtiger sind als Gott. Wir stehen täglich vor der Entscheidung, wem wir unsere ganze Kraft und unsere ganze Seele schenken, worüber wir ständig nachdenken und wonach wir streben. Wenn unser ganzes Denken nur auf ein Mehr an Geld und Anerkennung zielt, dann werden wir zu Sklaven von Götzen. Israel hat die Entscheidung für den einzigen Gott immer auch als Entscheidung für die Freiheit verstanden. Gott befreit den Menschen, während die Götzen ihn versklaven. Die Psychologie sagt uns: Wir verehren immer einen Gott, entweder den Gott des Himmels oder irdische Götzen. So stellt uns auch die Psychologie vor die Entscheidung. Es geht dabei letztlich immer um die Entscheidung für das Leben, für die Freiheit und für die Liebe.

Den Himmel und die Erde rufe ich heute als Zeugen gegen euch an. Leben und Tod lege ich dir vor, Segen und Fluch. Wähle also das Leben, damit du lebst, du und deine Nachkommen. Liebe den Herrn, deinen Gott, hör auf seine Stimme, und halte dich an ihm fest; denn er ist dein Leben. Er ist die Länge deines Lebens, das du in dem Land verbringen darfst, von dem du weißt: Der Herr hat deinen Vätern Abraham, Isaak und Jakob geschworen, es ihnen zu geben.

DEUTERONOMIUM 30,19f

Mose stellt das Volk vor die Entscheidung. Er führt ihm Leben und Tod, Glück und Unglück vor Augen. Es liegt an ihm, ob es sich für das Leben und das Glück oder für den Tod und das Unglück entscheidet. Mose mahnt das Volk, sich für das Leben zu entscheiden, das Gott nicht automatisch schenkt: Er verlangt vom Menschen schon diese Entscheidung. Ohne Entscheidung gelingt das menschliche Leben nicht. Wenn der Mensch sich für das Leben entscheidet und sich an Gott festhält, dann tut es nicht nur ihm selbst gut, sondern auch seinen Nachkommen. Und Gott belohnt ihn mit einem langen Leben in dem Land, das er ihm verheißen hat. Das Gelobte Land ist für uns das Land, in dem wir selbst leben, anstatt gelebt zu werden, in dem wir mit unserem wahren Selbst in Berührung kommen und der Entfremdung entgehen, in der wir uns oft vorfinden.

Der Mensch – so sagt uns die Theologie – trifft nicht nur Entscheidungen, er ist seinem Wesen nach Entscheidung. Er lebt nicht einfach nur dahin. Das würde seinem Wesen widersprechen. Er muss eine Entscheidung für sich und sein geschichtliches Wesen treffen, sonst verfehlt er sein Menschsein. Der Mensch ist ein geschichtliches Wesen. Durch seine Entscheidungen prägt er seine Geschichte. Die Geschichte ist nicht einfach ein Computerprogramm, das abläuft, sondern sie wird durch diese Entscheidungen geformt. Der Mensch ist nicht einfach nur vorhanden, er muss vielmehr erst der werden, der er sein will und der er von seinem Wesen her ist. Er schafft durch seine Entscheidungen seine einmalige geschichtliche Existenz. Wir sind verantwortlich für uns und unser Leben. Wir gestalten durch Entscheidungen unser Leben.

Du sollst deinen Nächsten lieben wie dich selbst.
Ich bin der Herr.

LEVITIKUS 19,18

B

Hier im Alten Testament fordert Gott den Menschen auf, seinen Nächsten zu lieben wie sich selbst. Es ist eine Forderung, für die sich jeder entscheiden muss. Und es ist eine Forderung, die überhaupt erst menschliches Miteinander ermöglicht. Dabei braucht es die Ausgeglichenheit zwischen Selbstliebe und Nächstenliebe. Wenn ein Pol zu einseitig gelebt wird, dann verfälscht das die Liebe. Wer nur sich selbst liebt und das als oberste Norm sieht, der isoliert sich selbst. Er gerät – wie die Psychologin Ursula Nuber das ausdrückt – in die Egoismusfalle. Vor lauter Selbstliebe fühlt er sich einsam. Das, was er damit erstrebt, verfehlt er. Wer nur den Nächsten liebt und sich selbst nichts gönnt, der überfordert sich, er wird leicht hart und aggressiv. Er fühlt sich ausgenutzt oder aber er drängt sich dem anderen auf. Er verliert das Gespür dafür, was der andere wirklich braucht. Und wer nur den anderen liebt, der verausgabt sich oft. Er ist blind für die eigenen Motive, die hinter seiner Liebe stecken. Ein Psychologe sagt gerne: »Wer viel gibt, der braucht auch viel.« Es gibt Menschen, die viel Liebe geben, weil sie viel Liebe brauchen. Doch wenn wir geben, weil wir brauchen, werden wir immer zu kurz kommen. Und wir werden irgendwann einmal entweder bitter oder aber erschöpft. Wenn wir geben, weil es aus uns fließt, dann tut es uns und dem anderen gut. Dann ist die Nächstenliebe Ausdruck auch unserer Selbstliebe. Sie bedrängt den anderen nicht, sondern setzt sich dann für ihn ein, wenn er es wirklich braucht.

Wenn bei dir ein Fremder in eurem Land lebt, sollt ihr ihn nicht unterdrücken. Der Fremde, der sich bei euch aufhält, soll euch wie ein Einheimischer gelten, und du sollst ihn lieben wie dich selbst; denn ihr seid selbst Fremde in Ägypten gewesen. Ich bin der Herr, euer Gott.

LEVITIKUS 19,33f

Die Nächstenliebe bezieht sich nicht nur auf den Volksgenossen, sondern auch auf den Fremden. Gott begründet dieses Gebot damit, dass die Israeliten selbst Fremde in Ägypten waren und wissen, was es bedeutet, als Fremder in einem anderen Land zu wohnen. Sie sollen auch im Fremden ein Bild für sich selbst sehen. In den Fremden lieben sie letztlich sich selbst als Fremdlinge. Sie fühlen sich solidarisch mit dem Fremden und nehmen ihn auf in ihre Gemeinschaft. Er gilt wie ein Einheimischer. Sie lassen ihn sein Fremdsein nicht spüren, sondern nehmen ihn wie einen Einheimischen. Diese Forderung Gottes ist gerade heute höchst modern, da Fremde in unserem Land ganz normal sind. Wir haben oft Angst vor dem Fremden, weil er uns an das Fremde in uns erinnert. Wir meinen, dass wir uns selbst gut kennen, aber in jedem sind Anteile, die ihm fremd sind. Und der Fremde erinnert uns daran. Das macht vielen Menschen Angst. Und daher wehren sie sich gegen die Fremden und zugleich gegen das Fremde in sich selbst. Die Fremdenliebe ist letztlich auch eine konkrete Weise der Selbstliebe, mit der Gott diese Forderung auch wieder verbindet. Wir sollen den Fremden lieben wie uns selbst, denn in uns selbst ist das Fremde, an das uns der Fremde erinnert.

Liebt eure Feinde und betet für die, die euch verfolgen, damit ihr Söhne eures Vaters im Himmel werdet; denn er lässt seine Sonne aufgehen über Bösen und Guten, und er lässt regnen über Gerechte und Ungerechte.

MATTHÄUS 5,44f

B

Feindschaft entsteht oft aus Projektion. Jemand kann etwas bei sich selbst nicht annehmen und projiziert es auf uns und bekämpft es in uns. Unsere normale Reaktion ist, dass wir uns wehren und diesen Feind hassen, weil er uns schaden will. Feindesliebe bedeutet nicht, dass wir den anderen in seinem Hass und schädlichen Verhalten belassen, sondern dass wir in ihm gar nicht den Feind sehen. Wir sehen in ihm den, der in sich zerrissen ist, der sich selbst zum Feind geworden ist und daher uns als Feind braucht, um von sich selbst abzulenken. Wenn wir den anderen so sehen, dann beziehen wir sein feindliches Verhalten nicht auf uns persönlich. Stattdessen erkennen wir in ihm einen, der sich danach sehnt, mit sich in Einklang zu kommen. Daher drückt sich die Feindesliebe zuallererst im Gebet für den anderen aus. Wir beten für ihn, dass er mit sich in Frieden kommt. Dann braucht er das feindliche Verhalten nicht mehr. Das Gebet verwandelt den Feind in einen Freund.

Doch das gelingt meistens nicht sofort. Es braucht Glauben und Geduld und Hoffnung, damit unser Gebet den anderen mit sich selbst in Berührung bringt, mit dem guten Kern in sich selbst. Dann ist er nicht mehr unser Feind.

Jesus vergleicht die Feindesliebe mit dem Verhalten Gottes. Wenn wir den Feind lieben, dann verstehen wir, wie Gott sich uns gegenüber verhält. Dann haben wir teil an seinem Verhalten, denn er lässt seine Sonne aufgehen über Bösen und Guten, und er lässt es regnen über Gerechte und Ungerechte. So sollen wir die Sonne unserer Liebe über Bösen und Guten aufgehen lassen, in der Hoffnung, dass beide etwas von diesem Licht erfahren und von ihm durchdrungen und verwandelt werden. Und wir sollen den Regen unserer Zuwendung den Gerechten und den Ungerechten zuteilwerden lassen, dann weicht das Harte und Verbitterte der Feindschaft auf. Die Fronten zwischen Gerechten und Ungerechten zerfließen, und es wird ein Miteinander möglich.

Da stand ein Gesetzeslehrer auf, und um Jesus auf die Probe zu stellen, fragte er ihn: Meister, was muss ich tun, um das ewige Leben zu gewinnen? Jesus sagte zu ihm: Was steht im Gesetz? Was liest du dort? Er antwortete: Du sollst den Herrn, deinen Gott, lieben mit ganzem Herzen und ganzer Seele, mit all deiner Kraft und all deinen Gedanken, und: Deinen Nächsten sollst du lieben wie dich selbst. Jesus sagte zu ihm: Du hast richtig geantwortet. Handle danach und du wirst leben. Der Gesetzeslehrer wollte seine Frage rechtfertigen und sagte zu Jesus: Und wer ist mein Nächster? Darauf antwortete ihm Jesus: Ein Mann ging von Jerusalem nach Jericho hinab und wurde von Räubern überfallen. Sie plünderten ihn aus und schlugen ihn nieder; dann gingen sie weg und ließen ihn halb tot liegen. Zufällig kam ein Priester denselben Weg herab; er sah ihn und ging weiter. Auch ein Levit kam zu der Stelle; er sah ihn und ging weiter. Dann kam ein Mann aus Samarien, der auf der Reise war. Als er ihn sah, hatte er Mitleid, ging zu ihm hin, goss Öl und Wein auf seine Wunden und verband sie. Dann hob er ihn auf sein Reittier, brachte ihn zu einer Herberge und sorgte für ihn. Am anderen Morgen holte er zwei Denare hervor, gab sie dem Wirt und sagte: Sorge für ihn, und wenn du mehr für ihn brauchst, werde ich es dir bezahlen, wenn ich wiederkomme. Was meinst du: Wer von diesen dreien hat sich als der Nächste dessen erwiesen, der von den Räubern überfallen wurde? Der Gesetzeslehrer antwortete: Der, der barmherzig an ihm gehandelt hat. Da sagte Jesus zu ihm: Dann geh und handle genauso!

LUKAS 10,25–37

Ein Gesetzeslehrer will mit Jesus darüber diskutieren, was man tun muss, um das ewige Leben zu gewinnen. Jesus lässt sich nicht auf eine theoretische Diskussion ein. Er sagt: »Tu das, und du wirst leben!« So einfach ist das. Doch das ist dem Lehrer zu direkt. Er möchte lieber auf der theoretischen Ebene bleiben. So fragt er weiter: »Und wer ist mein Nächster?«

Darauf erzählt Jesus das Beispiel vom barmherzigen Samariter. Der Priester und der Levit gehen an der Not des Ausgeraubten vorbei. Wahrscheinlich ist ihnen ihre kultische Reinheit wichtiger als die Hilfe. Sie verletzen das Gebot, den Nächsten zu lieben, und verstecken sich hinter den ihnen gegebenen Normen. Der Samariter überlegt nicht lange. Er sieht den Verletzten, hat Mitleid mit ihm und handelt sofort. Er gießt Öl und Wein in seine Wunden und bringt ihn in die nächste Herberge. Jesus schließt seine Erzählung mit der Frage ab: »Wer hat sich als der Nächste dessen erwiesen, der von den Räubern überfallen wurde?«

Der Gesetzeslehrer kann nicht anders als zu antworten: »Der, der barmherzig an ihm gehandelt hat.« Und Jesus antwortet wieder knapp, aber so, dass der Gesetzeslehrer und dass wir alle nicht auskommen und uns entscheiden müssen: »Dann geh und handle du genauso!«

Jesus lässt sich nicht auf Diskussionen ein. Er stellt seine Zuhörer vor die Entscheidung: Entweder du achtest nur auf dich und deine Bedürfnisse oder du lässt dich wirklich auf den Nächsten ein. Daran entscheidet sich, ob du das Gesetz Gottes verstanden hast oder nicht. Theoretische Überlegungen führen nicht weiter. Allein durch die Entscheidung wird der andere für dich zum Nächsten.

Einer trage des anderen Last;
so werdet ihr das Gesetz Christi erfüllen.

GALATER 6,2

In diesem kurzen Vers wird die Liebe konkret. Sie besteht darin, die Last des anderen zu tragen. Last meint das Schwere, Drückende. Wenn der andere niedergedrückt ist, sollen wir ihn geduldig ertragen. Benedikt zitiert diesen Vers in seiner Regel. Die Last des anderen mitzutragen, einander zu ertragen, das ist die Bedingung, dass Menschen miteinander leben können. Das gilt für jede Familie, für die klösterliche Gemeinschaft und für jede Gruppe, sei es Verein oder Firma. Und es gilt für die Gesellschaft als Ganze. Die Schwachen einfach fallen zu lassen ist gegen die Würde des Menschen. Paulus besetzt dieses Tragen der Last des anderen positiv und nennt es das Gesetz Christi, und in diesem Tragen findet sich auch das Gesetz des Alten Testaments. Christus hat unsere Last auf sich genommen, damit wir es ihm gleich tun und die Last des anderen mittragen.

Wir können die Last dem anderen nicht einfach abnehmen, aber wir tragen sie mit, wenn wir uns nicht aufregen über seine Langsamkeit oder über seine Schwerfälligkeit. In einer klösterlichen Gemeinschaft kann man nur leben, wenn man bereit ist, die Schwächen seiner Mitbrüder zu ertragen. Der eine riecht nicht angenehm. Der andere ist zu langsam bei der Arbeit. Wieder ein anderer ist nicht belastbar und stöhnt bei jeder Aufgabe. Man kann sich darüber aufregen, dann belastet man sich selbst. Oder man kann die anderen verurteilen oder über sie schimpfen, dann wird das Klima in der Gemeinschaft unerträglich. Die Last des anderen tragen heißt für mich: ihn annehmen mit seinen Schwächen. Aber dabei dürfen wir uns nicht über ihn erheben. Wir können nur dankbar sein, dass wir diese Schwäche nicht haben, aber zugleich denken wir uns dann: Die anderen haben sicher auch an uns zu tragen. Manches an uns ist für sie auch nicht einfach, anzunehmen. So gelingt das Miteinander nur, wenn wir bereit sind, einander zu tragen, anstatt einander Lasten aufzubürden, einander anzunehmen, anstatt übereinander zu urteilen.

Da trat Petrus zu ihm und fragte: Herr, wie oft muss ich meinem Bruder vergeben, wenn er sich gegen mich versündigt? Siebenmal? Jesus sagte zu ihm: Nicht siebenmal, sondern siebenundsiebzigmal.

MATTHÄUS 18,21f

B

Petrus denkt, dass er besonders großzügig ist, wenn er bereit ist, dem Bruder oder der Schwester siebenmal zu vergeben. In der Überlieferung vergibt Gott zwei- bis dreimal die gleiche Sünde, und ähnlich lautet die Empfehlung an den Frommen: Er soll dem anderen zwei- bis dreimal vergeben. Also meint Petrus, er hätte Jesu Geist verstanden und würde mehr als das Doppelte tun. Doch jener verweist ihn auf die unendliche Vergebung.

Ganz gleich, ob man siebenundsiebzigmal oder siebzigmal siebenmal übersetzt (beides ist gängig), Jesus meint auf jeden Fall eine Vergebung, die keine Grenze kennt. Immer wieder sollen wir dem anderen vergeben, und der Grund dafür ist die von Gott erfahrene Vergebung. Das führt Jesus unmittelbar anschließend im Gleichnis vom unbarmherzigen Gläubiger aus (vgl. Mt 18,23–35).

Gott hat jenem eine übergroße Summe, sagen wir 40 Millionen Euro, vergeben. Aber er war nicht einmal bereit, nach dieser befreienden Erfahrung der Vergebung seinem Mitknecht die 40 Euro zu erlassen, die dieser ihm schuldete. Die Barmherzigkeit, die wir dem anderen in der Vergebung erweisen, ist Antwort auf die grenzenlose Barmherzigkeit, die wir von Gott erfahren haben.

Matthäus hat diese Worte in sein Kapitel über die Gemeinderegel gesetzt. Er will damit sagen: Eine christliche Gemeinschaft kann nur auf Dauer zusammenleben, wenn die Mitglieder einander immer wieder vergeben. Ohne Vergebung würden wir dem anderen immer nur aufrechnen, was er uns angetan hat. Es wäre ein ständiges Aufrechnen und einander Vergelten. Das würde ein Zusammenleben unmöglich machen. Nur wenn wir bereit sind, einander immer wieder zu vergeben, kann das Miteinander gelingen. Vergeben heißt dabei nicht vergessen, sondern das verletzende Handeln beim anderen zu belassen. Vergeben ist Weggeben. Wir kümmern uns nicht mehr um die Verletzung. Wir haben sie weggegeben, oder wie das lateinische Wort *dimittere* meint: Wir haben sie weggeschickt, an den Absender zurückgesandt.

Und Jesus erzählte ihnen noch ein anderes Gleichnis: Mit dem Himmelreich ist es wie mit einem Mann, der guten Samen auf seinen Acker säte. Während nun die Leute schliefen, kam sein Feind, säte Unkraut unter den Weizen und ging wieder weg. Als die Saat aufging und sich die Ähren bildeten, kam auch das Unkraut zum Vorschein. Da gingen die Knechte zu dem Gutsherrn und sagten: Herr, hast du nicht guten Samen auf deinen Acker gesät? Woher kommt dann das Unkraut? Er antwortete: Das hat ein Feind von mir getan. Da sagten die Knechte zu ihm: Sollen wir gehen und es ausreißen? Er entgegnete: Nein, sonst reißt ihr zusammen mit dem Unkraut auch den Weizen aus. Lasst beides wachsen bis zur Ernte. Wenn dann die Zeit der Ernte da ist, werde ich den Arbeitern sagen: Sammelt zuerst das Unkraut und bindet es in Bündel, um es zu verbrennen; den Weizen aber bringt in meine Scheune.

MATTHÄUS 13,24–30

Viele Menschen sind zwar bereit, dem Nächsten zu vergeben, aber sich selbst können sie nicht vergeben. Es fällt ihnen schwer, von ihrem Idealbild Abschied zu nehmen, dass sie ihr Leben lang mit einer weißen Weste herumlaufen. Auf diese Unfähigkeit, sich selbst zu vergeben, antwortet Jesus mit dem Gleichnis vom Unkraut im Weizen.

Ob wir wollen oder nicht, auf dem Acker unseres Lebens wächst nicht nur Weizen, sondern auch Unkraut. Die Perfektionisten möchten das Unkraut mit seinen Wurzeln ausreißen. Doch Jesus warnt davor, denn dann würden wir mit dem Unkraut auch den Weizen ausreißen. Die Wurzeln des Unkrauts (des Taumellolchs) sind nämlich mit den Wurzeln des Weizens verschlungen. Wir sollen das Unkraut in uns nicht wuchern lassen, wir müssen es immer wieder zurückschneiden.

Aber zu meinen, wir könnten absolut ohne Unkraut, ohne Fehler und Schwächen, ohne Schattenseiten, ohne Sünde und Schuld leben, ist eine Illusion. Wer seine ganze Energie darauf verlagert, alle seine Fehler auszuradieren, von dem wird auch weniger Lebendigkeit ausgehen. Vor lauter Fehlerlosigkeit kann ihm auch die Leidenschaft fehlen, sich für etwas einzusetzen.

Der Weizen braucht das Unkraut, damit er wachsen kann. Unsere Stärken brauchen die Schwächen als Wurzelboden, um sich zu festigen. Das anzuerkennen verlangt Demut. Aber nur wenn wir es akzeptieren, dass in uns Schwächen und Schattenseiten und auch Schuld ist, nur dann kann der Weizen in uns Frucht bringen, nur dann wird unser Leben zu einem Segen für andere.

Es gibt Menschen, die setzen ihre ganze Energie darein, ihre Fehler auszuradieren. Vielleicht meinen sie, sie würden im Sinne Gottes handeln, doch in Wirklichkeit geht es womöglich um ihr eigenes Ego, das vor der ganzen

Welt gut dastehen möchte. Gottes Geist ist weiter als unser kleinkariertes Denken, das sich auf die kleinsten Fehler fixiert, um sie zu bekämpfen.

Manche Menschen verbrauchen ihre ganze Energie, um ihre Fehler auszurotten. Dann fehlt ihnen die Energie zum Leben und die Energie, um mit Leidenschaft sich für andere einzusetzen. Da besteht die Gefahr einer langweiligen Spiritualität statt einer Spiritualität mit Leidenschaft.

Als die Jünger Jakobus und Johannes das sahen, sagten sie: Herr, sollen wir befehlen, dass Feuer vom Himmel fällt und sie vernichtet? Da wandte er sich um und wies sie zurecht.

LUKAS 9,54f

Jesus ist auf dem Weg nach Jerusalem und muss durch Samarien gehen. Er schickt Boten vor sich her, dass sie ihm ein Quartier besorgen. Doch in dem Dorf, in dem er übernachten möchte, wird er nicht aufgenommen. Da reagieren die beiden Donnersöhne, Jakobus und Johannes, voller Aggression. Sie wollen befehlen, dass Feuer vom Himmel fällt. Das zeugt von einer übersteigerten Selbsteinschätzung. Sie trauen sich zu, dass sie die Vollmacht haben, Feuer vom Himmel fallen zu lassen.

Doch Jesus weist sie zurecht. Er tadelt sie. Es geht nicht um Vergeltung. Wenn ein Dorf ihn nicht aufnehmen will, dann überlässt er das Dorf sich selbst. Er übt keine Rache. Jesus reagiert souverän. Die Jünger lassen sich von ihren Aggressionen leiten und steigern sich in ihre aggressiven Phantasien hinein.

Jesus lässt sich nicht provozieren, auch nicht von der Ablehnung des Dorfes. Er reagiert aus seinem Geist der Versöhnung und nicht aus Rachsucht. So weist er auch uns den Weg, nicht auf jede Provokation aggressiv zu reagieren, sondern zuerst einmal bei sich selbst zu sein.

Die Aggressivität der Donnersöhne können wir heute oft bei fanatischen Gruppierungen beobachten. Sie müssen andere, die sie sich zum Feindbild auserkoren haben, zumindest mit Worten verurteilen oder beschimpfen oder gar töten. Das gilt für fanatische religiöse Gruppierungen, die im Extremfall zu Terroristen werden und andere umbringen, weil sie nach ihrer Meinung ungläubig sind. Diese Menschen haben selbst Angst vor dem Unglauben im eigenen Herzen. Aber weil sie den nicht zugeben, müssen sie alle Ungläubigen töten, in der unbewussten Meinung, dann ihren eigenen Unglauben zu überwinden. Aber das ist kein Weg der Verwandlung.

Es gilt aber auch für alle Gruppen, die meinen, sie müssten ihre Ideologie – zum Beispiel der Lebensweise, des Gesellschaftsmodells – anderen mit Gewalt aufdrängen. Wer zu sehr andere von seiner Meinung überzeugen will und sie dabei in ihrer Würde herabsetzt, der überspielt dadurch nur die eigene Unsicherheit. Jesus ruht in sich. Er hat es nicht nötig, seinen Glauben und sein Menschenverständnis auf Kosten anderer zu leben.

Denn Christus ist gestorben und lebendig geworden, um Herr zu sein über Tote und Lebende. Wie kannst also du deinen Bruder richten? Und du, wie kannst du deinen Bruder verachten? Wir werden doch alle vor dem Richterstuhl Gottes stehen.

RÖMER 14,9f

B

Paulus übersetzt hier die Forderung Jesu, dass wir nicht über andere richten sollen, in seine Theologie hinein. Er begründet Jesu Forderung damit, dass dieser für alle gestorben ist und jetzt als Auferstandener Herr ist über Tote und Lebende. Jesus ist also der Herr meines Bruders und meiner Schwester. Er ist der Herr, also darf ich mich nicht als Herr über andere aufspielen. Ich darf mich nicht zum Richter über andere erheben. Wir alle sind Brüder und Schwestern und dem einen Herrn Jesus Christus unterstellt. Wenn ich über andere richte oder einen Bruder oder eine Schwester verachte, dann stelle ich mich über sie. Ich gehe aus meinem Brudersein heraus, ich verlasse meine Stellung als Christ und spiele mich als Richter über andere auf.

Jesus selbst hat den Verzicht auf das Richten damit in Zusammenhang gebracht, dass wir oft den Splitter im Auge des anderen sehen, aber den Balken im eigenen

Auge übersehen. Das Richten macht uns blind für die eigenen Schwächen. Und oft genug projizieren wir im Richten unsere eigenen Schattenseiten auf die anderen.

Wir sollen auf das Richten verzichten, damit wir nicht gerichtet werden (vgl. Mt 7,1–3). Denn eigentlich richten wir in der Verurteilung des anderen schon über uns. Wir sprechen über uns selbst, wenn wir über andere reden. Hermann Hesse sagt: »Was nicht in uns ist, das regt uns auch nicht auf.« Das Reden über andere und das Richten über andere ist letztlich eine Offenbarung unserer eigenen Schattenseiten. Anstatt sie auf andere zu projizieren, sollten wir die anderen lieber als Spiegel sehen, in den wir hineinschauen, um uns selbst besser zu erkennen.

Wasch meine Schuld von mir ab und mach mich rein von meiner Sünde! ... Das Opfer, das Gott gefällt, ist ein zerknirschter Geist, ein zerbrochenes und zerschlagenes Herz wirst du, Gott, nicht verschmähen.

PSALM 51,4.19

Ob der Mensch will oder nicht, er wird immer wieder in Schuld geraten. Er erlebt die Schuld als etwas, was ihn beschmutzt, was sein Denken trübt und seine Seele verunreinigt. Wir möchten unser Leben lang mit einer weißen Weste herumlaufen, aber wir spüren, dass es nicht geht, dass wir unsere weiße Weste immer wieder beschmutzen. Daher ist es eine große Sehnsucht, von seiner Schuld reingewaschen zu werden. Wenn wir in einem unangenehmen Gespräch waren, in dem wir nicht klar geblieben sind, haben wir das Bedürfnis, unter die Dusche zu gehen. Wir sehnen uns danach, rein gewaschen zu werden. Der Psalmist bittet Gott darum, ihn rein zu waschen, damit er sich wieder gut fühlen kann, rein und befreit.

Die Schuld zerbricht unser Selbstbild. Wir wollen ja von uns aus keine Schuld auf uns laden, aber wir werden immer wieder schwach. Wir tun nicht das, was wir eigentlich wollen, wir lassen uns hinreißen, den anderen tief zu verletzen. Unsere Worte tun uns leid. Aber sie sind nun einmal ausgesprochen. Oder wir handeln heuchlerisch und falsch und schämen uns dafür. Wir bringen die Schuld nicht zusammen mit unserem Selbstbild. Sie zerbricht das Idealbild, das wir von uns haben.

Der Psalmist erfährt, dass seine Schuld seinen Geist und sein Herz zerbrochen und zerschlagen hat. Aber das ist auch die Chance, dass das Herz auf neue Weise aufgebrochen wird für Gott. Der Beter bringt ihm nun sein zerbrochenes Herz dar. Und er vertraut darauf, dass es das Opfer ist, das Gott am meisten gefällt, besser als die Leistung, die er vor ihm vorweisen und in der er sich selbst vor ihm rühmen möchte. So führt das zerbrochene Herz zu einer neuen Offenheit für Gott. Der Beter lässt sich ganz und gar in ihn hineinfallen, in seine barmherzige Liebe. Er kann nichts mehr vorweisen, nur sein zerbrochenes Herz darbieten, damit Gott nun dieses aufgebrochene Herz ganz und gar mit seiner Liebe erfüllt.

Ein Aussätziger kam zu Jesus und bat ihn um Hilfe; er fiel vor ihm auf die Knie und sagte: Wenn du willst, kannst du machen, dass ich rein werde. Jesus hatte Mitleid mit ihm; er streckte die Hand aus, berührte ihn und sagte: Ich will es – werde rein! Im gleichen Augenblick verschwand der Aussatz und der Mann war rein.

MARKUS 1,40–42

Ein Aussätziger ist ein Mensch, der sich selbst nicht annehmen kann. Er fühlt sich in seiner Haut nicht wohl. Die Aussätzigen mussten damals in getrennten Dörfern wohnen. Auch das ist ein Bild für uns: Wer sich selbst nicht annehmen kann, fühlt sich auch von anderen nicht angenommen. Er interpretiert jedes Wort und jeden Blick des anderen als Ablehnung. So fühlt er sich aus der menschlichen Gemeinschaft ausgeschlossen.

So ein Aussätziger kommt nun auf Jesus zu und bittet um Heilung. Mit seinem Niederknien bekennt er, dass er sich selbst nicht helfen kann. Jesus hat Mitleid mit ihm. Er streckt die Hand aus und nimmt Beziehung zu ihm auf. Und er berührt ihn. Weil er sich selbst nicht annehmen kann, nimmt ihn Jesus an.

Aber nun sagt Jesus: »Ich will es – werde rein!« Das bedeutet: »Ich nehme dich ganz und gar an. Aber jetzt ist es auch deine Aufgabe, dich anzunehmen.« Ich werde rein, wenn ich mich selbst annehme. Ich werde nicht chemisch rein, sondern wenn ich mich annehmen kann, dann wird alles an und in mir für mich rein. Dann fühle ich mich im Einklang mit mir.

Aber das ist auch meine eigene Verantwortung. Manche erwarten nur von anderen, dass sie sie annehmen. Sie sind bedürftig nach Annahme, aber es genügt ihnen nie, was sie bekommen. Sie verweigern den Schritt, sich selbst anzunehmen. Häufig hat die Unfähigkeit, sich selbst anzunehmen, damit zu tun, dass die Bilder, die wir von uns haben, nicht mit unserer Wirklichkeit übereinstimmen. Wir würden uns nur annehmen, wenn wir ideal wären. Aber so wie wir sind, können wir uns nicht annehmen. So müssen wir uns verabschieden von den Illusionen, die wir von uns haben.

Jesus berührt den Aussätzigen so, wie er ist. Er nimmt ihn in seinem Aussatz an. Doch das ist zugleich Aufforderung, sich selbst anzunehmen. Der Kranke kann nicht erwarten, dass Jesus ihn ganz und gar rein wäscht, ohne dass er selbst etwas dazu tun müsste. Reinwerden heißt immer: Annahme des Unannehmbaren, wie Paul Tillich es ausdrückt. Ich werde nur rein, wenn ich mich von meinen überzogenen Selbstbildern befreie und mich so annehme, wie ich wirklich bin.

Als die Pharisäer das sahen, sagten sie zu seinen Jüngern: Wie kann euer Meister zusammen mit Zöllnern und Sündern essen? Er hörte es und sagte: Nicht die Gesunden brauchen den Arzt, sondern die Kranken. Darum lernt, was es heißt: Barmherzigkeit will ich, nicht Opfer. Denn ich bin gekommen, um die Sünder zu rufen, nicht die Gerechten.

MATTHÄUS 9,11–13

B

Jesus hat den Zöllner Matthäus berufen, als er gerade an seinem Zollhaus saß. Matthäus folgt ihm sofort und lädt Jesus in sein Haus ein. Das hören viele Zöllner und Menschen, die sich sonst aus der Gemeinschaft der Frommen ausgeschlossen fühlten. Damals galten ganze Gesellschaftsgruppen als Sünder. Es handelte sich gar nicht unbedingt um Menschen, die die Gebote Gottes übertreten hatten, sondern einfach um solche, die von den anderen für Sünder gehalten wurden. Jesus hat keine Berührungsängste. Er isst mit ihnen. Er zeigt ihnen im Mahl, dass sie von Gott angenommen sind. Er lässt sie die Barmherzigkeit Gottes leibhaft erfahren.

Als sich die Pharisäer über das Verhalten Jesu aufregten, antwortet er mit dem Wort: »Nicht die Gesunden brauchen den Arzt, sondern die Kranken.« Die Zöllner und Sünder, die aus der Gemeinschaft der Frommen ausgeschlossen waren, brauchen Jesus als Arzt, der ihre Wunden heilt. Er bestätigt sie nicht einfach, er handelt an ihnen als Arzt, damit sie heil werden und gesund.

Und dann formuliert Jesus in der Sprache des jüdischen Schulausdrucks: »Darum geht hin und lernt.« Es ist eine Formel, die einen wichtigen Lernschritt einführt. Das Entscheidende, das hier gelernt werden soll, ist das Wort, das schon der Prophet Hosea verkündet hatte: »Barmherzigkeit will ich, nicht Opfer« (vgl. Hos 6,6). Angesprochen ist der Zusammenhang, Gott Opfer darzubringen, um ihm wohlzugefallen und die Erfüllung der Gesetze vorzuweisen. Doch statt diesen Weg zu gewichten, will Jesus, dass die Menschen die Barmherzigkeit lernen. Die Barmherzigkeit ist die zentrale Haltung Gottes, und wenn die Menschen Gott wohlgefällig sein wollen, dann müssen sie selbst barmherzig werden. Jesus hat mit dem Mahl, das er mit Sündern hielt, diese Barmherzigkeit Gottes sichtbar werden lassen.

Das ganze 15. Kapitel des Lukasevangeliums mit seinen drei Gleichnissen vom verlorenen Schaf, von der verlorenen Drachme und vom verlorenen Sohn bezieht sich auf Jesu Umgang mit den Sündern und auf seine Botschaft, die er gerade ihnen vermittelt. Jesus dramatisiert die Sünde nicht, er beschreibt ihr Wesen: Die Sünde besteht darin, dass sich der Mensch selbst verliert. Der Sünder hat seine Mitte verloren. Doch Jesus geht gerade dem verlorenen

Schaf nach und feiert ein Fest, wenn er es gefunden hat. Was er tut, spiegelt Gottes Freude wider über die Umkehr der Sünder. Jesus geht davon aus, dass sie manchmal offener sind für die Barmherzigkeit Gottes als die Gerechten. Der Gerechte meint, er würde schon alles richtig machen. Er braucht Gott gar nicht zu seiner Gerechtigkeit. Es geht ihm nur um sich selbst. Der Sünder spürt seine Ohnmacht. Er weiß sich angewiesen auf Gottes Barmherzigkeit.

Diese Offenheit für Gottes Barmherzigkeit zeigt sich gerade im Gleichnis vom verlorenen Sohn. Der jüngere Sohn, der sein ganzes Vermögen verschleudert und dem es ganz schlecht geht, er geht in sich. Er kommt bei sich an, bei seinem wahren Selbst. Und da spürt er, was er verloren hat. Er macht sich auf, umzukehren und zum Vater zu gehen. Der Vater macht ihm keine Vorwürfe, sondern nimmt ihn liebevoll in die Arme und feiert mit ihm ein fröhliches Fest: »Wir wollen essen und fröhlich sein. Denn mein Sohn war tot und lebt wieder; er war verloren und ist wiedergefunden worden.« (Lk 15,23f)

Der ältere Sohn dagegen, der immer daheim war und treu und brav seine Pflicht erfüllt hat, ärgert sich über die Rückkehr seines Bruders. Und er ärgert sich, dass der Vater mit ihm ein Fest feiert. Der Vater wendet sich auch ihm liebevoll zu und spricht ihn an: »Mein Kind, du bist immer bei mir, und alles, was mein ist, ist auch dein.« (Lk 15,31) Doch Lukas erzählt uns nicht, ob der ältere Sohn dann bereit ist, mit seinem Bruder mitzufeiern, oder ob er in seiner Verhärtung und seiner Gerechtigkeit stecken bleibt. Jesus lädt uns nicht ein, zu sündigen. Aber er möchte denen, die sich in der Sünde selbst verloren haben, Hoffnung schenken, dass Gott sie annimmt und sie sich in Gott selbst wiederfinden, ihre wahre Würde neu entdecken und feiern.

Daran werden wir erkennen, dass wir aus der Wahrheit sind, und werden unser Herz in seiner Gegenwart beruhigen. Denn wenn das Herz uns auch verurteilt – Gott ist größer als unser Herz, und er weiß alles.

1 JOHANNES 3,19f

Viele Menschen können sich selbst nicht vergeben. Wenn sie einen Fehler gemacht haben, dann klagen sie sich an und kommen nicht zur Ruhe. Ihr eigenes Über-Ich verurteilt sie ständig.

Dieses Über-Ich kann unbarmherzig über uns richten. In so einer Situation, in der wir uns ständig Vorwürfe machen, dass wir so oder so gehandelt haben oder so oder so sind, hilft uns das Wort aus dem Ersten Johannesbrief. Wir können es in unsere Selbstvorwürfe hineinsagen: »Wenn das Herz uns auch verurteilt, Gott ist größer als unser Herz, und er weiß alles.«

Dieses Wort kann uns beruhigen. Da hören unsere Selbstvorwürfe auf, wir spüren, dass Gott größer ist. Gott weiß alles. Vor ihm brauchen wir uns nicht zu beschuldigen. Unser Herz ist kleinkariert, ist unfähig, barmherzig mit uns zu sein und uns selbst zu vergeben. Gottes Herz ist weit.

In diesen Worten können wir die Weite des göttlichen Herzens spüren. Und diese Weite löst unsere selbstzerfleischenden Vorwürfe auf. Auf einmal ist auch unser Herz von Ruhe erfüllt.

Darin ist unter uns die Liebe vollendet, dass wir am Tag des Gerichts Zuversicht haben. Denn wie er, so sind auch wir in dieser Welt. Furcht gibt es in der Liebe nicht, sondern die vollkommene Liebe vertreibt die Furcht. Denn die Furcht rechnet mit Strafe, und wer sich fürchtet, dessen Liebe ist nicht vollendet.

1 JOHANNES 4,17f

B

In der Liebe dürfen wir Gottes Liebe selbst in uns erfahren. Und wenn wir in dieser Liebe sind, dann vertreibt sie alle Furcht vor der Strafe. Wer sie nicht erfahren hat, der ist voller Furcht, und die Furcht rechnet mit Strafe. Hier zeigt sich, welches Gottesbild wir haben. Wenn wir nur Furcht vor Gott haben, der so groß und vollkommen ist, dann leben wir ständig in der Angst, nicht gut genug zu sein und Strafe zu erfahren. Diese Strafe fürchten wir vor allem am Tag des Gerichts, wenn wir im Tod Gott begegnen. Wer jetzt schon die Liebe Gottes erfahren hat, der hat am Tag des Gerichts keine Angst. Er ist voller Zuversicht. Wir machen diese Erfahrung auch im zwischenmenschlichen Bereich. Menschen, die große Angst haben, sind oft nicht in Beziehung zu anderen Menschen. Wer sich von anderen Menschen geliebt weiß, hat weniger Angst. Er kann das Leben vertrauensvoller angehen.

Die Liebe, von der Johannes in seinem Brief spricht, ist keine moralische Forderung. Sie ist vielmehr Gott selbst. Wenn wir Gott wirklich erfahren, erfahren wir auch die Liebe. Und umgekehrt gilt: Wenn wir Liebe erfahren, erfahren wir Gott. Er ist der Grund unserer Liebe. Jeder von uns sehnt sich danach, zu lieben und geliebt zu werden. Jeder macht in der Liebe Erfahrungen von Erfüllung und Enttäuschung, von Verzauberung und Verletzung. All diese Erfahrungen wollen uns zum Grund unserer Liebe führen.

Wir erfahren die Liebe von Menschen und zu Menschen. Die spüren wir oft sehr emotional. Aber diese emotionale menschliche Liebe führt uns in den Grund unserer Liebe, in die Quelle der Liebe, die auf dem Grund unserer Seele sprudelt. Und diese Quelle von Liebe ist Gott selbst. Wenn wir mit dieser Liebe in Berührung sind, dann löst sich alle Furcht vor Strafe in uns auf. Wir haben Gott anders erfahren, als Liebe und nicht als Strafenden.

Es hilft uns wenig, gegen das strafende Gottesbild ein liebendes Gottesbild zu stellen. Denn das bleibt im Kopf. Entscheidend ist die Erfahrung von Liebe. Wenn wir in der Liebe sind, wenn wir sie als den Grund unserer menschlichen Liebeserfahrungen erkennen und erleben, dann vertreibt sie die Furcht, und wir sind voller Vertrauen. Denn im Gericht werden wir Gott als der Liebe begegnen, als der Erfüllung der Liebe, die wir hier anfanghaft in unserer menschlichen Liebe und in der Ahnung göttlicher Liebe immer wieder erfahren.

Der Herr ist mein Hirte, nichts wird mir fehlen. Er lässt mich lagern auf grünen Auen und führt mich zum Ruheplatz am Wasser. Er stillt mein Verlangen; er leitet mich auf rechten Pfaden, treu seinem Namen. Muss ich auch wandern in finsterer Schlucht, ich fürchte kein Unheil; denn du bist bei mir, dein Stock und dein Stab geben mir Zuversicht. Du deckst mir den Tisch vor den Augen meiner Feinde. Du salbst mein Haupt mit Öl, du füllst mir reichlich den Becher. Lauter Güte und Huld werden mir folgen mein Leben lang und im Haus des Herrn darf ich wohnen für lange Zeit.

PSALM 23

Viele Menschen lieben diesen Psalm. Selbst für den nüchternen Philosophen Immanuel Kant war dies der Lieblingspsalm. Dieser Psalm beruhigt unsere Angst.

Die erste Angst, die hier angesprochen wird, ist die Angst, zu kurz zu kommen, nicht genug zu haben, das Leben nicht zu meistern. In diese Angst hinein sollen wir sprechen: »Der Herr ist mein Hirte, nichts wird mir fehlen.« Wenn wir diese Worte immer wieder in unsere Angst hineinhalten, dann wird sie sich auflösen, und in uns wird Ruhe einkehren.

Die zweite Angst ist die Angst vor dem Unheil, vor dem Dunklen und Unbekannten in uns und um uns herum. In einer finsteren Schlucht haben wir Angst, ein Räuber könnte uns begegnen und uns ausrauben. Wir sehen uns im Dunklen unbekannten Gefahren ausgesetzt. In diese Angst hinein spricht der Psalm das Wort: »Muss ich auch wandern in finsterer Schlucht, ich fürchte kein Unheil; denn du bist bei mir, dein Stock und dein Stab geben mir Zuversicht.«

Solche Worte wollen immer wieder meditiert werden, immer wieder hineingehalten werden in unsere Angst. Wir können die Angst nicht aus uns herausreißen, sie wird immer wieder in uns hochkommen. Aber wenn wir diese Worte in sie hineinsprechen, dann relativieren wir sie. Mitten in der Angst spüren wir dann das Vertrauen, das auch in uns ist.

Jeder Mensch hat immer zugleich Angst und Vertrauen. Aber oft sind wir fixiert auf die Angst, so dass wir das Vertrauen in uns übersehen. Die Worte des Psalms wollen uns wieder mit uns selbst in Berührung bringen, damit wir mitten in unserer Angst auch das Vertrauen spüren, das auf dem Grund unserer Seele bereitliegt.

Wer im Schutz des Höchsten wohnt und ruht im Schatten des Allmächtigen, der sagt zum Herrn: »Du bist für mich Zuflucht und Burg, mein Gott, dem ich vertraue.« Er rettet dich aus der Schlinge des Jägers und aus allem Verderben. Er beschirmt dich mit seinen Flügeln, unter seinen Schwingen findest du Zuflucht, Schild und Schutz ist dir seine Treue. Du brauchst dich vor dem Schrecken der Nacht nicht zu fürchten, noch vor dem Pfeil, der am Tag dahinfliegt, nicht vor der Pest, die im Finstern schleicht, vor der Seuche, die wütet am Mittag. Fallen auch tausend zu deiner Seite, dir zur Rechten zehnmal tausend, so wird es doch dich nicht treffen. Ja, du wirst es sehen mit eigenen Augen, wirst zuschauen, wie den Frevlern vergolten wird. Denn der Herr ist deine Zuflucht, du hast dir den Höchsten als Schutz erwählt. Dir begegnet kein Unheil, kein Unglück naht deinem Zelt. Denn er befiehlt seinen Engeln, dich zu behüten auf all deinen Wegen. Sie tragen dich auf ihren Händen, damit dein Fuß nicht an einen Stein stößt; du schreitest über Löwen und Nattern, trittst auf Löwen und Drachen. »Weil er an mir hängt, will ich ihn retten; ich will ihn schützen, denn er kennt meinen Namen. Wenn er mich anruft, dann will ich ihn erhören. Ich bin bei ihm in der Not, befreie ihn und bringe ihn zu Ehren. Ich sättige ihn mit langem Leben und lasse ihn schauen mein Heil.«

PSALM 91

Diesen Vertrauenspsalm betet die Kirche gerne in der Komplet, der letzten Gebetszeit des Tages. Bevor die Nacht beginnt, in der wir manchmal von Löwen und Schlangen träumen, wenden wir uns an Gott und drücken unser Vertrauen aus.

Der Psalm beschreibt, was Gott für uns tut. Er entreißt uns der Schlinge des Jägers. Die Pest kann uns nicht schaden. Ja, Gott hat seinen Engeln befohlen, uns auf unseren Wegen zu behüten und uns auf Händen zu tragen, so dass uns nichts schaden kann.

Der Komponist Felix Mendelssohn Bartholdy hat in seinem Oratorium *Elias* diese Verse von den Engeln in einem wunderbaren Quartett vertont. Wenn man diese Musik hört, dann spürt man, dass man auf Händen getragen wird, dann erfährt man die Engel, die einen behüten. Man fühlt sich von Gottes Nähe umgeben und geschützt.

Es sind wunderbare Bilder, die der Psalmist uns da von Gott vor Augen malt. Er spricht uns an und verheißt uns, was Gott an uns tut. Und er sagt uns zu, was wir unter Gottes Schutz erfahren werden. Zuletzt lässt der Psalm Gott selbst zu uns sprechen. Er verheißt uns, dass er uns schützen wird, dass er unsere Bitten erhört, dass er in jeder Drangsal bei uns sein und uns aus aller Not herausreißen wird. Und schließlich will er uns sättigen mit langem Leben und uns sein Heil schauen lassen.

Wenn man in der Komplet diesen Psalm singt, dann tut er einfach gut. Man muss dann gar nicht viel überlegen. Die Bilder beruhigen und geben das Gefühl, in Gott geborgen, geschützt und behütet zu sein und sich voll Vertrauen in der Nacht in seine Arme fallen lassen zu können.

Am Abend dieses Tages sagte er zu ihnen: Wir wollen ans andere Ufer hinüberfahren. Sie schickten die Leute fort und fuhren mit ihm in dem Boot, in dem er saß, weg; einige andere Boote begleiteten ihn. Plötzlich erhob sich ein heftiger Wirbelsturm, und die Wellen schlugen in das Boot, sodass es sich mit Wasser zu füllen begann. Er aber lag hinten im Boot auf einem Kissen und schlief. Sie weckten ihn und riefen: Meister, kümmert es dich nicht, dass wir zugrunde gehen? Da stand er auf, drohte dem Wind und sagte zu dem See: Schweig, sei still! Und der Wind legte sich und es trat völlige Stille ein. Er sagte zu ihnen: Warum habt ihr solche Angst? Habt ihr noch keinen Glauben? Da ergriff sie große Furcht und sie sagten zueinander: Was ist das für ein Mensch, dass ihm sogar der Wind und der See gehorchen?

MARKUS 4,35–41

Die Situation der Jünger hier ist uns vertraut. Manchmal haben wir auch den Eindruck, dass wir in einen Wirbelsturm geraten. Wir wissen gar nicht, woher der Wind uns entgegenbläst, auf einmal geraten wir in einen Wirbel. Das Boot unseres Lebens wankt hin und her, wir geraten in Turbulenzen und bekommen Angst. Jesus schläft einfach im Boot. Er lässt sich von der äußeren Unruhe nicht erfassen.

Dass Jesus schläft, könnte aber auch bedeuten: Wir sind nicht in Berührung mit ihm. Er ist als der innerste Kern in uns, aber er schläft, wir erfahren ihn nicht. In der Not wecken die Jünger Jesus und werfen ihm vor, es würde ihn nicht kümmern, dass sie zugrunde gehen.

Doch er steht auf und gebietet dem Sturm. Auf einmal ist alles ruhig. Wenn wir mit unserer Mitte in Berührung kommen, dann entsteht nicht nur in uns, sondern auch um uns herum Ruhe und Stille. Doch Jesus fragt die Jünger: »Warum habt ihr solche Angst? Habt ihr noch keinen Glauben?«

Die Jünger lassen sich allzu sehr von den äußeren Turbulenzen beeindrucken und reagieren auf den Wirbelsturm mit Angst. Wenn sie Glauben hätten, würden sie anders reagieren. Glauben heißt hier: in Berührung sein mit dem Grund unserer Seele, mit Christus, der auf dem Grund unserer Seele in uns ist. Wenn wir ihn spüren, dann haben wir mitten in den Turbulenzen unseres Lebens einen inneren Ruhepunkt. Und von diesem inneren Raum der Stille her kann dann auch langsam unser Herz sich beruhigen und mit Vertrauen auf die äußeren Gefährdungen reagieren.

Denk an deinen Schöpfer in deinen frühen Jahren, ehe die Tage der Krankheit kommen und die Jahre dich erreichen, von denen du sagen wirst: Ich mag sie nicht!, ehe Sonne und Licht und Mond und Sterne erlöschen und auch nach dem Regen wieder Wolken aufziehen ... der Staub auf die Erde zurückfällt als das, was er war, und der Atem zu Gott zurückkehrt, der ihn gegeben hat.

KOHELET 12,1f.7

Der Weisheitslehrer Kohelet ist für manche Leser und Leserinnen zu pessimistisch. Da erleben sie gar keine Frömmigkeit, sondern nüchterne Analyse des Menschen, die immer wieder in dem Wort endet: Alles ist Windhauch.

Doch wenn wir genauer hinschauen, dann entdecken wir in seinen Worten durchaus einen Weg, wie wir vor Gott so leben können, wie es unserem Wesen als Mensch entspricht. Kohelet verklärt das Alter nicht. Es gibt im Alter vielmehr Tage, von denen wir sagen: Ich mag sie nicht. Aber Kohelet denkt nicht pessimistisch. Er mahnt uns vielmehr, das Leben bewusst zu leben. Wir sollen die Jugend genießen, heiteren Herzens sein. Wer wirklich gelebt hat, der kann auch das Alter besser annehmen. Unzufrieden sind die alten Menschen vor allem dann, wenn sie erkennen müssen: Ich habe ja nie richtig gelebt. Ich stehe jetzt im Alter vor einem ungelebten Leben. Ungelebtes Leben macht depressiv. Wenn ich mich im Alter an mein Leben gerne erinnere, kann ich auch die Tage gut leben, in denen Krankheit und Schwäche mich bedrücken. Hermann Hesse meint, das Schönste im Alter sei, dankbar im Erinnerungsbuch seines Lebens zu lesen. Dann können wir still werden, dankbar für das Leben, das wir leben durften. Und dann werden wir uns nicht nur an die schönen Erlebnisse erinnern, sondern auch daran, dass Gott uns geleitet hat, auch wenn es Krisen oder Konflikte oder Brüche in unserem Leben gab.

Ein zweiter Gedanke ist Kohelet wichtig, damit wir das Alter gut leben können: Wir sollen uns bewusst machen, dass unser Dasein endlich ist, dass der Staub zur Erde zurückfällt und der Atem zu Gott zurückkehrt. Wir sollen also an das Vergängliche denken. Alles Irdische, der Leib, der Erfolg, der Reichtum, der Ruhm – all das wird wie Staub zerfallen. Was bleibt, ist der Atem, der zu Gott zurückkehrt. Im Atem ist die Lebendigkeit, die Seele, das innerste Wesen des Menschen gemeint. Der Atem wird nicht zerfallen, sondern zu Gott zurückkehren. Meine Seele wird zu Gott heimfinden. Und daher geht es im Alter darum, nach innen zu schauen, mit seiner Seele in Berührung zu sein, damit wir Gott eine Seele zurückgeben können, die wirklich gelebt hat, die offen war für Gott und offen für die Menschen.

Das Alter mahnt uns, ein beseelter Mensch zu sein, oder wie wir von manchen Menschen sagen: Er war eine Seele von Mensch. In seinem Gesicht, in seinen Worten, in seiner Ausstrahlung hat man seine Seele wahrgenommen. Und es war eine schöne Seele, eine weite Seele, eine Seele voller Lebendigkeit und Liebe. So eine Seele sollen wir Gott zurückgeben.

In Jerusalem lebte damals ein Mann namens Simeon. Er war gerecht und fromm und wartete auf die Rettung Israels und der Heilige Geist ruhte auf ihm. Vom Heiligen Geist war ihm offenbart worden, er werde den Tod nicht schauen, ehe er den Messias des Herrn gesehen habe. Jetzt wurde er vom Geist in den Tempel geführt; und als die Eltern Jesus hereinbrachten, um zu erfüllen, was nach dem Gesetz üblich war, nahm Simeon das Kind in seine Arme und pries Gott mit den Worten: Nun lässt du, Herr, deinen Knecht, wie du gesagt hast, in Frieden scheiden. Denn meine Augen haben das Heil gesehen, das du vor allen Völkern bereitet hast, ein Licht, das die Heiden erleuchtet, und Herrlichkeit für dein Volk Israel. Sein Vater und seine Mutter staunten über die Worte, die über Jesus gesagt wurden. Und Simeon segnete sie und sagte zu Maria, der Mutter Jesu: Dieser ist dazu bestimmt, dass in Israel viele durch ihn zu Fall kommen und viele aufgerichtet werden, und er wird ein Zeichen sein, dem widersprochen wird. Dadurch sollen die Gedanken vieler Menschen offenbar werden. Dir selbst aber wird ein Schwert durch die Seele dringen. Damals lebte auch eine Prophetin namens Hanna, eine Tochter Penuëls, aus dem Stamm Ascher. Sie war schon hochbetagt. Als junges Mädchen hatte sie geheiratet und sieben Jahre mit ihrem Mann gelebt; nun war sie eine Witwe von vierundachtzig Jahren. Sie hielt sich ständig im Tempel auf und diente Gott Tag und Nacht mit Fasten und Beten. In diesem Augenblick nun trat sie hinzu, pries Gott und sprach über das Kind zu allen, die auf die Erlösung Jerusalems warteten.

LUKAS 2,25–38

Lukas rahmt die Kindheitsgeschichte Jesu mit dem Auftreten alter Menschen ein. Zu Beginn sind es Zacharias und Elisabet, alte Menschen, die unfruchtbar waren, die aber durch die Begegnung mit dem Engel wieder fruchtbar geworden sind. Allerdings musste Zacharias neun Monate lang schweigen. Er musste nach innen horchen, damit Neues in ihm werden kann. Und er musste seine Vorurteile gegenüber seiner Frau loslassen. Vielleicht dachte er, die ist alt, die kann ja kein Kind mehr bekommen. Er traut weder sich noch seiner Frau etwas zu. Der Engel ließ ihn verstummen, damit alle seine bisherigen Vorstellungen vom Leben zum Schweigen kamen und Neues in ihm und in seiner Frau geboren werden konnte. Nach der Geburt Jesu zeigt uns Lukas wieder zwei alte Menschen, wieder einen Mann und eine Frau. Lukas ist überzeugt, dass man Gott nur richtig sehen und Jesus nur richtig verstehen kann, wenn Mann und Frau gemeinsam hinschauen. Beide Sichtweisen, die männliche und die weibliche, sind wichtig, um Jesus richtig zu sehen.

Lukas beschreibt die Eigenschaften des Simeon: Er war gerecht und fromm. Er war ein Wartender. Er hielt Ausschau nach der Rettung Israels. Und der Heilige Geist ruhte auf ihm. Dieser Simeon singt über das Kind ein Loblied. Er erkennt in dem Kind das Heil und das Licht, das allen Menschen leuchtet. Und er prophezeit, was dieses Kind in Israel bewirken wird. Zugleich verabschiedet er sich von der Welt. Er hat alles gesehen, wonach er sich gesehnt hat. Jetzt kann er in Frieden scheiden. Er hat alles gesehen, was er sehen wollte, alles erlebt, was er erleben wollte. Jetzt kann er lebenssatt sein Leben loslassen, in Dankbarkeit für das, was er gelebt hat. Und er hat im Alter noch eine wichtige Aufgabe erfüllt. Er hat auf das Eigentliche hingewiesen, auf die Rettung Israels, auf den Messias, den Gott seinem Volk senden wird. Jetzt hat er ihn gesehen, und er kann gehen.

Von Hanna lesen wir bei Lukas ihre Lebensgeschichte. Ihre Lebensgeschichte zeigt ihr Wesen. Sie hat alles durchlebt: sie hat geheiratet, jetzt ist sie Witwe. Sie ist 84 Jahre alt. Das ist eine symbolische Zahl. Vier steht für das Irdische. Sie steht mit beiden Füßen auf der Erde. Acht ist die Zahl der Ewigkeit und Unendlichkeit, die Zahl der Transzendenz. Sie ist offen für Gott. Und das drückt sie aus, indem sie sich ständig im Tempel aufhält und Gott mit Fasten und Beten dient. Von ihr werden keine Worte überliefert, aber sie spricht über das Kind zu allen, die auf die Erlösung Jerusalems warten. Sie sieht in diesem Kind den Erlöser, den, der Israel trösten und retten und die Wunden der Menschen heilen wird.

Beide alte Menschen, Simeon und Hanna, sehen tiefer. Sie erkennen in dem Kind das Licht, den Erlöser, den Heiland. Das ist die Aufgabe alter Menschen, dass sie den jüngeren das Geheimnis ihres Menschseins deuten und ihnen die Augen öffnen für das Geheimnis Gottes.

Alte Menschen – so sagt uns Lukas in seinem Evangelium – sind ein Segen für die Welt. Sie tragen auf ihre Art Frucht. Lukas macht die alten Menschen darauf aufmerksam, dass sie noch eine wichtige Aufgabe in der Welt haben. Sie sollen die Weisheit ihres Lebens an die jüngere Generation weitergeben. Und sie sollen im Gewirr der vielen Stimmen, die unsere Welt volltönen, die leise Stimme der Weisheit erheben, um all die vielen Sichtweisen zu relativieren, die man den Menschen heute und alle Tage aufdrängen möchte.

Amen, amen, das sage ich dir: Als du noch jung warst, hast du dich selbst gegürtet und konntest gehen, wohin du wolltest. Wenn du aber alt geworden bist, wirst du deine Hände ausstrecken, und ein anderer wird dich gürten und dich führen, wohin du nicht willst. Das sagte Jesus, um anzudeuten, durch welchen Tod er Gott verherrlichen würde. Nach diesen Worten sagte er zu ihm: Folge mir nach!

JOHANNES 21,18f

Was Jesus hier zu Petrus sagt, ist ein Bild, das für das Älterwerden allgemein gilt. Johannes bemerkt zur Aussage Jesu, dass er mit seinen Worten andeuten wollte, auf welche Weise Petrus sterben werde. Man wird ihn wie Jesus selbst gefangen nehmen und zum Kreuzestod führen.

Doch die Worte Jesu gelten auch uns heute. Wenn wir älter werden, können wir nicht mehr alles selbst bestimmen. Als junge Menschen können wir hingehen, wo wir wollen. Wir gürten uns selbst. Wir ziehen uns selbst an. Wir können alles in Freiheit tun.

Diese Freiheit wird uns im Alter genommen. Ein anderer wird uns gürten. Wenn wir alt und krank sind, können wir uns selbst nicht mehr anziehen. Wir strecken unsere Hände aus, damit man uns helfe, uns anziehe und wasche.

Das ist für einen aktiven Menschen wie Petrus eine große Herausforderung. Ein anderer wird uns führen, wohin wir nicht wollen. Das ist nicht nur das Martyrium wie bei Petrus, sondern das ist letztlich der Tod, der uns alle erwartet und den wir vom Innersten unseres Menschseins her nicht wollen.

Keiner will gerne sterben, höchstens wenn das Leben nicht mehr lebenswert scheint. Aber solange wir gerne leben, will keiner zum Tod geführt werden. Und doch können wir uns dagegen nicht wehren. Wir müssen uns dem Schicksal ergeben, wir müssen uns dem Willen Gottes ergeben. Wir strecken Gott gegenüber unsere Hände aus, dass er uns gürtet und führt.

Aber dieses Hingeführtwerden ist nicht nur etwas Passives, was uns widerfährt. Jesus spricht davon, dass Gott durch den Tod des Petrus verherrlicht wird. Das ist auch die Verheißung, die uns gilt: wie Petrus bereit zu sein, uns bis zum Tod führen zu lassen, uns im Tod in Gottes Hände loszulassen und auf diese Weise Gott zu verherrlichen und den Menschen Hoffnung zu stiften.

Die Liebe hört niemals auf. Prophetisches Reden hat ein Ende, Zungenrede verstummt, Erkenntnis vergeht. Denn Stückwerk ist unser Erkennen, Stückwerk unser prophetisches Reden; wenn aber das Vollendete kommt, vergeht alles Stückwerk.

1 KORINTHER 13,8–10

B

Unser Leben ist Fragment. Alles ist Stückwerk, wie Paulus sagt. Er nennt drei Geistesgaben, die die Korinther hoch geschätzt haben: die Prophetie, die Zungenrede und die Erkenntnis, griechisch *gnosis*, auf die sie sich besonders viel eingebildet haben. All das wird vergehen, aufhören, zunichtewerden. Paulus hat hier die ewige Zeit vor Augen, in die wir im Tod hineinsterben werden. Jenseits des Todes hören diese Geistesgaben auf. Da braucht keiner mehr in Zungen zu reden oder prophetische Worte hervorzubringen. Die Erkenntnis jedoch könnte in der Ewigkeit vollendet werden.

Doch Paulus sieht das anders. Die Gnosis, die Erkenntnis und Weisheit, auf die wir uns etwas einbilden, vergeht, weil wir dann wirklich schauen. Wir müssen nicht mehr erkennen und tiefer in die Weisheit eindringen. Wir schauen Gott, wie er ist, und wir schauen das Geheimnis allen Seins. Es ist uns für immer aufgegangen. Jenseits des Todes bleibt nur die Liebe. Die Liebe ist ewig. Sie hört nie auf.

Was Paulus vom Zustand jenseits des Todes aussagt, das können wir aber auch auf das Älterwerden beziehen. Auch im Alter hört irgendwann das prophetische Reden auf. Wir haben nichts mehr zu sagen. Thomas von Aquin ist im Alter verstummt. Er meinte, alles, was er gesagt und geschrieben habe, sei wie Stroh. C. G. Jung meinte, er sei auf dem Abmarsch und habe kein Bedürfnis zu reden. Die Zungenrede wird verstummen. Im Alter passt es für uns nicht mehr, durch Zungenreden aufzufallen. Wir wollen lieber still werden und schweigen.

Auch die Erkenntnis vergeht. Wir haben unser Leben lang die Tiefen des Menschseins, die Geheimnisse Gottes und der Welt zu erkennen versucht. Jetzt vergeht uns der Drang zu erkennen. Wir erkennen, dass alles, was wir erkannt haben, nichts ist. Wir erkennen – wie es die Weisen Griechenlands gesagt haben –: Der Weise weiß, dass er nichts weiß.

Und Paulus meint, alle Weisheit, die wir erlangt haben, werde uns wie Torheit erscheinen angesichts des Todes, der alles Wissen in Frage stellt. Was einzig im Alter bleibt, ist die Liebe. Wenn von einem alten Menschen Liebe ausgeht, dann begegnen wir ihm gerne. Es gibt auch demente alte Menschen, die Liebe ausströmen. Sie sind ein Beweis dessen, was Paulus hier von der Liebe schreibt.

Wer dement geworden ist, der hat nichts mehr zu sagen und zu erkennen. Aber trotzdem hat er eine Würde. Seine Seele hat sich zurückgezogen, aber die Liebe bleibt.

Sie strahlt durch ihn hindurch. Auch kranke alte Menschen strahlen oft diese Liebe aus. Dann haben wir den Eindruck, dieser Mensch ist ans Ziel gekommen. Er kann sich nicht mehr bewegen, kann nicht mehr sprechen. Aber die Liebe bleibt. Und sie gibt diesem Menschen eine unantastbare Würde. Und sie gibt uns Beobachtern oder Besuchern des alten Menschen die Gewissheit, dass sie auch den Tod überdauert und in Gott ewig bleiben wird.

3

»NACH DEM FEUER KAM
EIN SANFTES, LEISES SÄUSELN«

Mir selbst und Gott begegnen

Da formte Gott, der Herr, den Menschen aus Erde vom Ackerboden und blies in seine Nase den Lebensatem. So wurde der Mensch zu einem lebendigen Wesen.

GENESIS 2,7

Die Naturwissenschaft erklärt uns, wie aus dem Tier allmählich ein Mensch geworden ist, der denken konnte, der vom Geist geprägt war. Die Bibel drückt das in einer bildhaften Sprache aus. Der Mensch ist von der Erde genommen. Das besagt auch das hebräische Wort *Adam*: von der Erde genommen. Und auch das lateinische Wort *homo*, das nach einer römischen Sage von *humus*, »Erde«, kommt.

Der Mensch heißt Mensch, *Adam*, *homo*, weil er von der Erde kommt. In diesem Bild ist das Geschehen der Evolution, das uns die Naturwissenschaft anbietet, in einfachen Worten ausgedrückt. Doch das, was den Menschen zum Menschen macht, ist der Lebensatem, den Gott ihm einhaucht. Der Mensch ist in besonderer Weise von Gott geformt. Die Pflanzen und Tiere sind ebenso von ihm geschaffen, doch nur dem Menschen haucht Gott ganz persönlich den Lebensatem ein. Der Lebensatem ist ein Bild für die Seele, die Gott dem Menschen gegeben hat. Die Seele zeichnet den Menschen aus. Sie ist mehr als der Atem.

Auch das Tier atmet, doch der Lebenshauch, den Gott dem Menschen in die Nase bläst, befähigt ihn, sich seiner selbst bewusst zu werden, über sich selbst nachzudenken. Und dieser Lebensatem verbindet ihn in besonderer Weise mit Gott. Der Mensch ist für Gott offen. Er lebt bewusst vor Gott. Und er hat die Aufgabe, den Garten Eden, den Gott für ihn angelegt hat, zu bebauen. Der Mensch hat die Würde, die Tiere, die Gott auch aus dem Ackerboden erstehen ließ, mit einem Namen zu benennen.

Doch mit der Anwesenheit der Tiere allein ist der Mensch nicht zufrieden. Er sehnt sich nach einer Hilfe. Und so lässt Gott aus der Rippe des Adam Eva erstehen, die Frau. Sie wird die Gefährtin des Mannes. Sie »endlich ist Bein von meinem Bein und Fleisch von meinem Fleisch« (Gen 2,23). So ist der Mensch von diesem Schöpfungsbericht her beides: Er ist ein lebendiges Wesen. Aber er kann nicht gut allein leben. Er braucht den anderen Menschen. Er braucht die Gemeinschaft. Und der Mann ist auf die Frau bezogen und die Frau auf den Mann. Beide in ihrer Bezogenheit machen den ganzen Menschen aus. Aber zugleich stehen Mann und Frau vor Gott. Sie sind von Gott geschaffen und geformt worden. Sie haben ihm gegenüber Rechenschaft abzulegen, sie sollen sich an seine Vorschriften halten.

Wenn wir an diesen Text mit der Frage *Wer bin ich?* herangehen, dann ist die Antwort für uns: Wir sind Geschöpfe, von Gott geformt, von Gott mit Lebensatem beschenkt.

Aber wir sind auch endlich, denn dieser Lebensatem ist nicht unendlich. Im Tod werden wir ihn aushauchen. Und wir sind als Mann auf die Frau und als Frau auf den Mann bezogen. Wir sind keine Einsiedler, sondern Menschen, die auf das Miteinander hin angelegt sind. Wir brauchen uns gegenseitig, um unsere eigene Identität zu finden. Als Menschen sind wir auf Kommunikation angewiesen.

Wenn wir mit uns selbst zurechtkommen wollen, dann genügt es nicht, nur allein mit uns alles auszumachen. Wie Adam sollen wir unsere Bedürftigkeit anerkennen. Wir sind bedürftig nach einem anderen Menschen. Wir brauchen seine Nähe, seine Liebe. Und wir brauchen den anderen, um mit ihm auf uns und unser Leben zu schauen. Im Gespräch könnte uns aufgehen, was uns wirklich hilft, unser Leben zu meistern. Viele Menschen verstecken sich lieber hinter ihrer Maske. Sie sind zu stolz, sich einzugestehen, dass sie Hilfe brauchen.

Doch der Mensch ist von der Erde genommen. Daher ist die Demut – lateinisch *humilitas*, »in Berührung mit der Erde sein« – für ihn entscheidend. Es braucht Demut, die eigene Bedürftigkeit anzuerkennen und auf den anderen zuzugehen, um ihn um Rat zu fragen, um ihm unsere Situation zu schildern. Doch nur so werden wir ganz Mensch, wenn wir im Gespräch mit anderen unser wahres Selbst entdecken.

Ich danke dir, dass du mich so wunderbar gestaltet hast. Ich weiß: Staunenswert sind deine Werke. Als ich geformt wurde im Dunkeln, kunstvoll gewirkt in den Tiefen der Erde, waren meine Glieder dir nicht verborgen.

PSALM 139,14f

B

Der Psalmist staunt über sich selbst. Er fühlt sich als ein Mensch, den Gott wunderbar gestaltet hat. Er ist nicht einfach im Mutterleib entstanden. Gott selbst hat ihn geformt. Und Gott hat zugeschaut, wie er im Mutterleib langsam seine menschliche Gestalt angenommen hat. Der Psalmist lädt uns ein, die eigene Schönheit wahrzunehmen und zu vertrauen, dass wir eine göttliche Würde haben, weil Gott selbst uns gestaltet hat.

Viele Menschen sind blind für die eigene Schönheit. Sie vergleichen sich mit anderen und stülpen sich selbst ein äußeres Schönheitsideal über, dem sie nie entsprechen können. Dann sind sie ständig unglücklich, weil sie ihrem eigenen Ideal nicht genügen.

Der Psalmist hält uns an, bewusst die eigene Schönheit zu betrachten. Unser Leib ist ein Kunstwerk. Dass alle Nerven und Muskel immer so zusammenwirken, ist ein Wunder. Wir schauen unseren Leib an, unsere Seele, und wir sind dankbar, dass Gott uns geschaffen hat.

Auf die Frage *Wer bin ich?* antwortet der Psalm: Ich bin schön. Ich bin von Gott selbst so geformt worden. Gott hat in mir ein einmaliges Bild von sich Gestalt werden lassen. Und wir können auf die Frage antworten: Wir sind dankbar, dass wir so sind, wie wir sind. Doch zu dieser Dankbarkeit gelangen wir nur, wenn wir uns immer wieder bewusst machen, dass Gott uns als diesen einmaligen schönen Menschen geformt und gebildet hat.

Die Eltern Jesu gingen jedes Jahr zum Paschafest nach Jerusalem. Als er zwölf Jahre alt geworden war, zogen sie wieder hinauf, wie es dem Festbrauch entsprach. Nachdem die Festtage zu Ende waren, machten sie sich auf den Heimweg. Der junge Jesus aber blieb in Jerusalem, ohne dass seine Eltern es merkten. Sie meinten, er sei irgendwo in der Pilgergruppe, und reisten eine Tagesstrecke weit; dann suchten sie ihn bei den Verwandten und Bekannten. Als sie ihn nicht fanden, kehrten sie nach Jerusalem zurück und suchten ihn dort. Nach drei Tagen fanden sie ihn im Tempel; er saß mitten unter den Lehrern, hörte ihnen zu und stellte Fragen. Alle, die ihn hörten, waren erstaunt über sein Verständnis und über seine Antworten. Als seine Eltern ihn sahen, waren sie sehr betroffen und seine Mutter sagte zu ihm: Kind, wie konntest du uns das antun? Dein Vater und ich haben dich voll Angst gesucht. Da sagte er zu ihnen: Warum habt ihr mich gesucht? Wusstet ihr nicht, dass ich in dem sein muss, was meinem Vater gehört? Doch sie verstanden nicht, was er damit sagen wollte. Dann kehrte er mit ihnen nach Nazaret zurück und war ihnen gehorsam. Seine Mutter bewahrte alles, was geschehen war, in ihrem Herzen. Jesus aber wuchs heran und seine Weisheit nahm zu und er fand Gefallen bei Gott und den Menschen.

LUKAS 2,41–52

Die Beziehung zwischen den Eltern und den Kindern ist nicht immer nur von Harmonie geprägt. Da gibt es auch Konflikte und oft genug Unverständnis von beiden Seiten.

Von so einem Konflikt zwischen den Eltern und dem zwölfjährigen Knaben Jesus erzählt uns der Evangelist Lukas. Maria und Josef verstehen ihren Sohn nicht. Sie empfinden Schmerz und auch Angst um ihn. Maria fragt das Kind, wie es den Eltern diesen Schmerz zufügen konnte: »Kind, wie konntest du uns das antun? Dein Vater und ich haben dich voll Angst (mit Schmerzen) gesucht.« (Lk 2,48) Die Antwort Jesu bleibt den Eltern unverständlich: »Warum habt ihr mich gesucht? Wusstet ihr nicht, dass ich in dem sein muss, was meinem Vater gehört?« (Lk 2,49)

Jesus nennt Gott seinen Vater. Ihm gehört er, nicht seinen Eltern. Die Eltern verstehen nicht, was er damit sagen möchte. Es tut ihnen weh. Maria überspringt diesen Schmerz nicht. Es ist gut, wenn die Eltern ihrem Kind gegenüber, das ihnen weh tut, ihren Schmerz ausdrücken. Aber Maria macht ihrem Kind keinen Vorwurf, und sie drängt ihm keine Schuldgefühle auf. Sie sagt ihm nur, was sein Verhalten in ihr auslöst. Sie zeigt dem Kind, was es mit den Eltern macht, wenn sie voller Angst und Schmerzen drei Tage nach ihm suchen.

Lukas löst die Spannung nicht auf, die durch das unverständliche Verhalten Jesu zwischen ihm und seinen Eltern entstanden ist. Die Eltern halten ihr eigenes Unverständnis aus. Aber sie reagieren nicht damit, dass sie alle Schuld beim Sohn suchen. Sie bemühen sich, sein unverständliches Verhalten zu begreifen. Maria zeigt eine Reaktion, die auch für alle Eltern heute eine Herausforderung ist, wenn ihr Kind ihnen fremd erscheint und sie sein Verhalten nicht verstehen: Von Maria heißt es: »Seine Mutter bewahrte alles, was geschehen war, in ihrem Herzen.« (Lk 2,51) Im Griechischen heißt es genauer: Maria schaute durch alle Worte, die ihr Kind ihr gesagt hatte, hindurch (*diaterein*: durchschauen). Sie betrachtete also ihren Sohn mit neuen Augen. Sie verstand sein Verhalten und seine Worte nicht, aber sie versuchte, darüber nachzudenken, sie versuchte, den Worten und dem Verhalten Jesu auf den Grund zu gehen, um es zu verstehen.

Diaterein meint, dass Maria durch den Schmerz, den ihr der Sohn bereitet hat, hindurchgeht in den Grund der Seele. Dort jenseits aller Schmerzen und aller Ängste um ihn findet sie inneren Frieden. Dort erahnt sie das Geheimnis ihres Sohnes. Dort, wo unterhalb ihrer aufgewühlten Gefühle Gott selbst in ihr wohnt, kann sie ihren Sohn mit Augen des Glaubens anschauen.

Diese Augen des Glaubens ermöglichen es ihm, so heranzuwachsen, dass seine Weisheit zunimmt und er Gefallen findet bei Gott und bei den Menschen (Lk 2,52). »Gefallen« heißt im Griechischen *charis*. Und dieses Wort meint vieles: Gnade, Schönheit, Anmut. Jesus konnte unter den

Augen des Glaubens seiner Mutter in seine eigene Gestalt hineinwachsen. Seine innere Schönheit wurde sichtbar.

Diese Perikope antwortet auf die Frage *Wer bin ich?*: Wir sind nicht nur der Sohn, die Tochter unserer Eltern. Wir haben Gott zum Vater und zur Mutter. Wir sind auch Gottes Kind. Das macht uns innerlich unabhängig von unseren Eltern und ermöglicht es uns, den Weg zu gehen, den wir in unserem Gewissen als den richtigen erkannt haben. Nicht nur die Eltern sprechen zu uns, sondern Gott selbst gibt uns Impulse, wie wir unser Leben leben sollen. Und wir sollen diesem inneren Impuls folgen, auch wenn unsere Eltern das nicht verstehen. Wir dürfen ihnen zumuten, dass wir einen Weg gehen, der für sie zunächst unverständlich bleibt.

In jenen Tagen kam Jesus aus Nazaret in Galiläa und ließ sich von Johannes im Jordan taufen. Und als er aus dem Wasser stieg, sah er, dass der Himmel sich öffnete und der Geist wie eine Taube auf ihn herabkam. Und eine Stimme aus dem Himmel sprach: Du bist mein geliebter Sohn, an dir habe ich Gefallen gefunden.

MARKUS 1,9–11

B

In der Taufe Jesu zeigt Gott den Menschen, die ihn umstanden, das Wesen Jesu. In unserer eigenen Taufe wurde uns durch Rituale gezeigt, wer wir eigentlich sind. Das Wasser, in das Jesus hineinstieg, diente der Reinigung. In der Taufe sind wir gereinigt worden von allen Trübungen, die andere durch ihre Projektionen in uns bewirkt haben. Sie haben in uns nicht den gesehen, der wir von Gott her sind, sondern haben ihre eigenen Erwartungen und Defizite in uns hineingelesen. In der Taufe kommt der ursprüngliche und unverfälschte Glanz Gottes in uns zum Leuchten. Wenn wir uns in unserem Alltag immer wieder an die Taufe erinnern, zum Beispiel wenn wir uns mit dem Weihwasser bekreuzigen, so reinigen wir uns von den Bildern, mit denen andere uns belegt haben, und von den eigenen Bildern der Selbstentwertung oder Selbstüberschätzung, die unseren ursprünglichen Glanz trüben. In der Erinnerung an die Taufe erinnern wir uns, wer wir selbst sind: ein reines Bild Gottes, in dem sein Licht aufstrahlt.

Und in der Taufe wird uns gesagt: »Du bist mein geliebter Sohn, du bist meine geliebte Tochter, an dir habe ich mein Gefallen.« Das ist eine bedingungslose Annahme und Liebe, die wir in der Taufe erfahren. Und diese bedingungslose Liebe ist die Voraussetzung, dass wir wirklich leben können, in Freiheit ganz wir selbst sein dürfen. Kinder erfahren von ihren Eltern manchmal nur bedingte Daseinsberechtigung: Du darfst sein, wenn du Erfolg hast, wenn du etwas leistest, wenn du pflegeleicht bist, wenn du dich anpasst. Dann sagen die Kinder mitunter nie die eigene Meinung, damit sie überall beliebt sind, und zwingen sich Leistung auf, damit sie gesehen und anerkannt werden. Aber das ist kein wirkliches Leben. Leben vermag nur der, der sich bedingungslos angenommen weiß. Das ist die zweite Antwort auf die Frage *Wer bin ich?*: Wir sind bedingungslos geliebt. Wir dürfen sein, wer wir sind.

Ihr seid alle durch den Glauben Söhne Gottes in Christus Jesus. Denn ihr alle, die ihr auf Christus getauft seid, habt Christus (als Gewand) angelegt. Es gibt nicht mehr Juden und Griechen, nicht Sklaven und Freie, nicht Mann und Frau; denn ihr alle seid »einer« in Christus Jesus. Wenn ihr aber zu Christus gehört, dann seid ihr Abrahams Nachkommen, Erben kraft der Verheißung.

GALATER 3,26–29

In diesen Versen beschreibt Paulus das Geheimnis der Taufe. In der Taufe ziehen wir Christus wie ein Gewand an. Wir werden eins mit ihm. Das Bild des Gewandes drückt aus, dass wir eine innere Verbindung mit Christus aufgenommen haben, ja dass er in uns selbst ist. Wir sind neu geworden in Christus. Das neue Gewand zeigt unsere neue Ausstrahlung, weil unser innerster Kern sich verwandelt hat. Nicht mehr das Ego herrscht in uns, sondern Christus selbst. Wir werden in der Taufe in ihn hineingenommen, wir werden alle »einer« in ihm. Wir werden alle zu Christus.

Und da wir in der Taufe alle Christus selbst werden, gelten die üblichen Unterschiede nicht mehr, weder die Unterschiede von Mann und Frau noch von Juden und Griechen und auch nicht von Sklaven von Freien. Wir könnten diese Gegenüberstellung weiterführen: Es gibt keinen Unterschied zwischen Jung und Alt, zwischen Reich und Arm, zwischen erfolgreichen und erfolglosen Menschen. Alle sind wir in Christus hineingetaucht und mit ihm eins geworden. So werden wir auch eins miteinander.

Wenn wir auf diesen Text hin die Frage *Wer bin ich?* beantworten sollen, dann könnten wir sagen: Wir sind in Christus. Wir können unsere Existenz gar nicht mehr ohne Jesus Christus verstehen. Er ist unsere innerste Wirklichkeit geworden, er lebt in uns, er hat das Ego in uns entmachtet. Das ist Realität. Wir müssen uns an diese Realität nur immer wieder erinnern, um als neuer Mensch zu leben. Und wir sind eins mit allen Menschen. Auch in den anderen ist Christus.

Wenn wir daran glauben, werden wir dem anderen mit neuen Augen begegnen. Wir legen ihn nicht fest auf seine Fassade, sehen hinter seiner Maske den innersten Kern, der Christus selbst ist. Das führt zu einem neuen Miteinander. Und es hebt auch unsere Isolation auf. Wir fühlen uns eins mit allen. Diese Erfahrung antwortet auf die Sehnsucht vieler Menschen, die sich heute allein fühlen. Im Grund ihrer Seele sind sie eins mit allen Menschen, sind sie all-eins. Sie sind in Beziehung zu allen. Das gibt ihnen ein Gefühl von Zugehörigkeit und bergender Gemeinschaft.

Bei Gott allein kommt meine Seele zur Ruhe, von ihm kommt mir Hilfe. Nur er ist mein Fels, meine Hilfe, meine Burg; darum werde ich nicht wanken. Wie lange rennt ihr an gegen einen Einzigen, stürmt alle heran wie gegen eine fallende Wand, wie gegen eine Mauer, die einstürzt? Ja, sie planen, ihn von seiner Höhe zu stürzen; Lügen ist ihre Lust. Sie segnen mit ihrem Mund, doch in ihrem Herzen fluchen sie. Bei Gott allein kommt meine Seele zur Ruhe; denn von ihm kommt meine Hoffnung. Nur er ist mein Fels, meine Hilfe, meine Burg; darum werde ich nicht wanken.

PSALM 62,2–7

Nach Stille sehnen wir uns alle. Doch es gibt so viel, was uns davon abhält, still zu werden. Der Psalmist erzählt von Menschen, die uns die Ruhe nicht gönnen. Sie haben Gefallen am Lügen, und wir müssen uns wehren. Doch bei allem Kampf gegen die, die uns bekämpfen, kommen wir nicht zur Ruhe. Im Gegenteil, in uns taucht die Angst auf, dass die anderen die Mauer zum Einsturz bringen, die wir mit großer Anstrengung aufgerichtet haben, um uns vor feindlichen Angriffen zu schützen. Da wendet sich der Psalmist an Gott. Er bekennt, dass keine Meditationstechniken ihn zur Stille bringen, sondern allein Gott. Wenn wir uns ihm zuwenden, dann wird unsere Seele still. Denn von Gott allein kommt uns Hilfe, und er allein ist der Fels, der uns Sicherheit verleiht, eine Burg, in der wir uns bergen können vor dem Sturm des Alltags.

Wir singen den zweiten Vers des Psalms am Mittwoch in der Komplet als eine wunderbare Antiphon. Wenn ich diese Antiphon singe, dann wird meine Seele schon still. Dann vergesse ich alles, was heute an Turbulenzen war. Der Tag geht zu Ende. Ich wende mich Gott zu. Ich halte ihm den Tag hin. Und ich weiß: Wenn mein Herz sich auf ihn richtet, dann wird meine Seele still. Das wäre sicher auch für Sie, liebe Leserin, lieber Leser, eine gute Übung am Abend. Halten Sie Ihre Hände in Form einer Schale Gott hin. Halten Sie den Tag hin, so wie er war. Verzichten Sie darauf, den Tag zu bewerten. Er war, wie er war. Indem Sie den Tag Gott hinhalten, kommen Sie zur Ruhe. Alle Grübeleien, ob alles richtig war, was Sie getan haben, hören auf. Sie übergeben den Tag Gott. Und Sie vertrauen darauf, dass er selbst das, was nicht optimal gelaufen ist, noch in Segen verwandeln kann.

Ahab erzählte Isebel alles, was Elija getan, auch dass er alle Propheten mit dem Schwert getötet habe. Sie schickte einen Boten zu Elija und ließ ihm sagen: Die Götter sollen mir dies und das antun, wenn ich morgen um diese Zeit dein Leben nicht dem Leben eines jeden von ihnen gleich mache. Elija geriet in Angst, machte sich auf und ging weg, um sein Leben zu retten. Er kam nach Beerscheba in Juda und ließ dort seinen Diener zurück. Er selbst ging eine Tagereise weit in die Wüste hinein. Dort setzte er sich unter einen Ginsterstrauch und wünschte sich den Tod. Er sagte: Nun ist es genug, Herr. Nimm mein Leben; denn ich bin nicht besser als meine Väter. Dann legte er sich unter den Ginsterstrauch und schlief ein. Doch ein Engel rührte ihn an und sprach: Steh auf und iss! Als er um sich blickte, sah er neben seinem Kopf Brot, das in glühender Asche gebacken war, und einen Krug mit Wasser. Er aß und trank und legte sich wieder hin. Doch der Engel des Herrn kam zum zweiten Mal, rührte ihn an und sprach: Steh auf und iss! Sonst ist der Weg zu weit für dich. Da stand er auf, aß und trank und wanderte, durch diese Speise gestärkt, vierzig Tage und vierzig Nächte bis zum Gottesberg Horeb. Dort ging er in eine Höhle, um darin zu übernachten. Doch das Wort des Herrn erging an ihn: Was willst du hier, Elija? Er sagte: Mit leidenschaftlichem Eifer bin ich für den Herrn, den Gott der Heere, eingetreten, weil die Israeliten deinen Bund verlassen, deine Altäre zerstört und deine Propheten mit dem Schwert getötet haben. Ich allein bin übrig geblieben und nun trachten sie auch mir nach dem Leben. Der Herr antwortete: Komm heraus und stell dich auf den Berg vor den Herrn! Da zog der Herr vorüber: Ein starker, heftiger Sturm, der die Berge zerriss und die Felsen zerbrach, ging dem Herrn voraus. Doch der Herr war nicht im Sturm. Nach dem Sturm kam ein Erdbeben. Doch der Herr war nicht im Erdbeben. Nach dem Beben kam ein Feuer. Doch der Herr war nicht im Feuer. Nach dem Feuer kam ein sanftes, leises Säuseln. Als Elija es hörte, hüllte er sein Gesicht in den Mantel, trat hinaus und stellte sich an den Eingang der Höhle.

1 KÖNIGE 19,1–13a

Gott nimmt den Elija in die Schule. Er zeigt ihm, wie und wo er ihn erfahren kann und wie und wo nicht. Elija ist auf dem Höhepunkt seines Erfolges. Er hat die 450 Baalspriester allein besiegt. Doch jetzt hat er auf einmal Angst vor Isebel. Er läuft um sein Leben.

Aber dann verlässt ihn seine Kraft, und er möchte am liebsten sterben. Denn er erkennt: »Ich bin ja auch nicht besser als meine Väter.« (1 Kön 19,4) Er erkennt, dass er das, was er bei den Baalspriestern bekämpft hat, in sich selbst vorfindet.

Baal steht für den Erfolg, für den Reichtum. Auch wenn Elija für den wahren Gott gekämpft hat, so war in ihm doch auch der Wunsch nach Erfolg stark vorhanden.

Das wird ihm bewusst, und nun möchte er am liebsten sterben. Doch der Engel weckt ihn zweimal und ermutigt ihn, in der Kraft der Engels-Speise 40 Tage durch die Wüste zu gehen bis zum Gottesberg Horeb. Dort geht Elija in eine Höhle. Die Höhle steht für den Mutterschoß. Das ist auch eine Art von Gotteserfahrung, die Elija hier sucht: Gott als Ort der Geborgenheit und Heimat, Gott als der, bei dem ich mich wohlfühlen darf. Das ist auch legitim, aber es ist nur ein Aspekt Gottes, noch nicht Gott in seiner Ganzheit. Dann werden ihm drei Naturerscheinungen gezeigt, in denen die Menschen oft Gott suchen: der Sturm, das Feuer und das Erdbeben. Es sind dies die Orte der Begeisterung (Sturm), des Perfektionismus (Feuer, das alles Unreine verbrennt) und der Macht (Erdbeben, das alles Gottwidrige zertrümmert).

Doch dann kommt ein sanftes, leises Säuseln, die »Stimme verschwebenden Schweigens«, wie Martin Buber diese Worte übersetzt. Und in der Stille erfährt Elija Gott. Aber er muss sein Gesicht in den Mantel hüllen, er kann Gott nicht schauen. Er erfährt ihn nur als den, der vorübergeht. Im Schweigen lösen sich alle bisherigen Gottesbilder des Elija auf, und er wird offen für den unbegreiflichen Gott. Gott ist ein Gott der leisen Töne. Er begegnet uns nicht dort, wo wir laut poltern, wo wir den rechten Glauben lauthals verteidigen, sondern dort, wo wir still werden, wo wir unsere eigenen Vorstellungen von ihm loslassen und offen werden für das unbegreifliche Geheimnis dessen, der sich all unseren Verstandesbemühungen entzieht. Im Schweigen berührt uns Gott sanft, damit wir nicht mehr unsere Überlegungen zwischen ihn und uns stellen, sondern sensibel werden für die Berührung, für die Erfahrung, die er uns schenken möchte. In der Stille sind wir offen für ihn. Da kann er unser Herz berühren. Da kann er zu uns sprechen, ohne dass wir ihn überhören. Aber zu dieser Stille gehört auch, dass wir unsere Gedanken zum Schweigen bringen. Die äußere Stille allein genügt nicht. Auch die Gedanken müssen schweigen, damit wir uns wirklich von Gott berühren lassen.

Als Jesus all das hörte, fuhr er mit dem Boot in eine einsame Gegend, um allein zu sein.

MATTHÄUS 14,13

Jesus hatte von der Hinrichtung des Johannes gehört. Da zieht er sich in eine einsame Gegend zurück. Er möchte darüber nachdenken, was das bedeutet. Er möchte die Gestalt des Johannes meditieren. Was hat dieser Mann ihm zu sagen? Er hat ihn ja getauft. Jesus hat sich von seiner Spiritualität anstecken lassen, auch wenn er sich in seiner eigenen Predigt deutlich von ihm abgesetzt hat: nicht das strenge Wort der Buße, sondern zuerst die Frohe Botschaft, dass das Reich Gottes nahe ist. Jesus zieht sich zurück, um auch über seine eigene Sendung nachzudenken. Was will Gott von mir? Wie soll ich den Menschen begegnen? In welcher Sprache soll ich zu ihnen von Gott sprechen? Jesus braucht die Stille, damit seine Worte wirklich von Gott kommen und nicht nur ein äußeres Gerede werden.

Jesus braucht die Einsamkeit. Wir denken, er sei doch immer in Verbindung mit Gott gewesen. Aber offensichtlich war es auch für ihn wichtig, sich aus dem Getriebe des Alltags zurückzuziehen, um seine innere Verbindung mit Gott nicht zu verlieren und sich nicht von den Erwartungen der

Menschen bestimmen zu lassen, sondern seinem Innersten treu zu bleiben. Wenn schon Jesus die Einsamkeit braucht, um in der Stille auf Gott zu hören, dann brauchen wir sie umso dringender. Denn wir sind ständig in Gefahr, uns von den Erwartungen und Wünschen der anderen bestimmen oder uns einfach von unseren eigenen Bedürfnissen treiben zu lassen. In der Einsamkeit begegnen wir der eigenen Wahrheit. Da tauchen alle möglichen Gedanken und Gefühle auf. Die Einsamkeit ist aber auch der Ort, an dem wir diese Gedanken und Gefühle klären können, an dem wir erkennen können, was unserem innersten Wesen entspricht. In der Stille der Einsamkeit geht uns auf, wie unser Weg weitergeht, wie wir so leben können, dass wir stimmig sind, übereinstimmen mit unserem wahren Selbst.

Sei still vor dem Herrn und harre auf ihn! Erhitze dich nicht über den Mann, dem alles gelingt, den Mann, der auf Ränke sinnt. Steh ab vom Zorn und lass den Grimm; erhitze dich nicht, es führt nur zu Bösem.

PSALM 37,7f

Felix Mendelssohn Bartholdy hat diesen Text in seinem Oratorium *Elias* wunderbar vertont. Ein Engel singt dem Elias vor: *Sei stille dem Herrn und warte auf ihn; der wird dir geben, was dein Herz wünscht. Befiehl ihm deine Wege und hoffe auf ihn. Steh ab vom Zorn und lass den Grimm. Sei stille dem Herrn und warte auf ihn.* Wenn ich diese Arie höre, dann wird es in mir still. Die Musik führt in die Stille.

Der Psalmist gibt zwei Wege an, wie wir vor Gott still werden können:

Der erste Weg: auf Gott harren, oder wie der Münsterschwarzacher Psalter übersetzt: auf Gott hoffen. Wer auf Gott seine Hoffnung setzt, der wird innerlich still. Hoffen ist immer etwas Personales: Ich hoffe auf dich. Ich vertraue darauf, dass du mir hilfst, dass du mir das schenkst, was ich brauche. Ich hoffe auf dich, ich setze auf dich. Du bist das Fundament meines Lebens. So brauchen wir nicht ängstlich für uns zu sorgen. Wir setzen unsere Hoffnung nicht auf Vergängliches, auf etwas, was leicht wie ein Hauch vergeht. Unsere Hoffnung ist Gott. Das ist ein Fundament, auf dem wir stehen können, das uns Sicherheit und Ruhe schenkt.

Der zweite Weg ist, dass wir uns nicht über andere erhitzen oder aufregen. Es gibt genügend Menschen, über die wir uns ständig erhitzen könnten. Doch das ist Energieverschwendung. Wir sollen bei uns selbst bleiben. Manchmal müssen wir uns verbieten, uns über andere aufzuregen oder über andere zu reden. Wenn wir uns vornehmen, nicht über andere zu reden, dann verlieren sie auch an Wichtigkeit. Wenn wir jedoch anfangen, uns über andere zu erhitzen und über sie zu reden, wird unser Ärger nur noch stärker. Wir steigern uns hinein in den Ärger, und so kommen wir nie zur Ruhe.

Still vor Gott werden wir nur, wenn wir aufhören, uns mit anderen zu vergleichen, und wenn wir darauf verzichten, uns über andere aufzuregen oder zu erhitzen. Die Hitze, die in uns auftaucht, den Zorn, der einfach aufsteigt, sollen wir zwar wahrnehmen, aber sie vor Gott halten. Wenn wir sie Gott hinhalten, dann verliert der Zorn seine Macht. Er löst sich auf. Und wir finden Ruhe.

Kommt alle zu mir, die ihr euch plagt und schwere Lasten zu tragen habt. Ich werde euch Ruhe verschaffen. Nehmt mein Joch auf euch und lernt von mir; denn ich bin gütig und von Herzen demütig; so werdet ihr Ruhe finden für eure Seele. Denn mein Joch drückt nicht, und meine Last ist leicht.

MATTHÄUS 11,2–30

B

Jesus verheißt uns die Ruhe. Aber er verspricht sie uns nicht nur, sondern er zeigt uns auch einen Weg, wie wir sie finden. In den Menschen, an die er sich wendet, können wir uns selbst wiedererkennen. Es sind die, die sich abmühen und Lasten tragen. Das griechische Wort meint Menschen, die sich selbst schlagen, die hart mit sich umgehen, die sich selbst verletzen oder bestrafen, weil sie nicht so sind, wie sie gerne sein möchten. Und es sind Menschen, die die Verletzungen ihrer Vergangenheit als Last mit sich tragen, ihre Lebensmuster, die sie nach unten drücken, etwa das Muster, immer die Schuld bei sich zu suchen, sich ständig zu entwerten und unter Druck zu setzen. Diesen Menschen verheißt Jesus, dass er ihnen Ruhe verschaffen werde, wenn sie zu ihm kommen. Aber sie müssen auch in seine Schule gehen.

In seiner Schule zeigt uns Jesus einen Weg zur Ruhe. Wir sollen von ihm zwei Haltungen lernen, damit wir Ruhe finden für unsere Seele. Die eine Haltung ist die Güte und Sanftmut, die geduldige Freundlichkeit sich selbst und den Menschen gegenüber.

Wer Ruhe finden will, der muss gut zu sich sein. Er muss aufhören, gegen sich selbst zu wüten. Wenn er mit einem milden Blick auf alles schaut, was er in sich entdeckt, sobald er die Aktivitäten aufgibt und still wird, dann wird er wirklich ruhig.

Viele möchten Ruhe finden, können es aber nicht, weil sie nicht gut zu sich sind, sondern gegen sich wüten. Wer voller Zorn gegen das kämpft, was in der Stille in ihm auftaucht, der wird nie zur Ruhe kommen.

Die zweite Haltung ist die Demut. Demut ist der Mut, hinabzusteigen in die eigene Menschlichkeit, in die Abgründe der Seele. Jesus ist von Herzen demütig. Er ist hinabgestiegen in die Tiefen der Erde. Aber er hat sein Herz dabei nicht vergessen. Er hat alles, was er in sich selbst und was er in unseren Tiefen erblickt, mit einem gütigen Herzen angeschaut.

Wer diesen Weg Jesu geht, der erfährt, dass seine Last leicht ist und dass sein Joch nicht drückt. Jesus richtet auf, anstatt uns niederzudrücken. Er schenkt uns innere Freiheit und Leichtigkeit anstatt Schwere und Depression. Er verkündet Barmherzigkeit und nicht Opfer (vgl. Mt 9,13 und 12,7).

Der Christ soll nicht Opfer von Gesetzlichkeit werden, er soll sich nicht auf dem Altar seines Perfektionismus selbst zum Opfer bringen, sondern barmherzig mit sich umgehen. Die Barmherzigkeit macht das Joch Jesu leicht. Sie ist die eigentliche Haltung, die er mit seinem ganzen Sein und mit seinen Worten seinen Jüngern vermitteln will. Und dieses leichte Joch lässt uns Ruhe finden für unsere Seele.

Der Herr sprach zu Abram: Zieh weg aus deinem Land, von deiner Verwandtschaft und aus deinem Vaterhaus in das Land, das ich dir zeigen werde. Ich werde dich zu einem großen Volk machen, dich segnen und deinen Namen groß machen. Ein Segen sollst du sein. Ich will segnen, die dich segnen; wer dich verwünscht, den will ich verfluchen. Durch dich sollen alle Geschlechter der Erde Segen erlangen.

GENESIS 12,1–3

B

Abraham, der auszieht aus seiner Heimat, ist für Paulus zum Urbild des Glaubens geworden. Weil Abraham Gott und seiner Verheißung glaubte, ist er ausgezogen. Für die frühen Mönche war dieser Auszug ein Bild für ihr eigenes Leben.

Die Geschichte nennt einen dreifachen Auszug, aus dem Land, aus der Verwandtschaft und aus dem Vaterhaus. Das haben die Mönche so interpretiert: Wir müssen erstens ausziehen aus allem, was uns abhängig macht, was uns bindet. Ausziehen heißt: in die Freiheit gehen, frei werden von allem, was uns am Leben hindert, frei werden von den Bildern, die uns festlegen.

Der zweite Auszug gilt den Gefühlen der Vergangenheit. Wir sollen einerseits die gekränkten und verletzten

Gefühle der Vergangenheit hinter uns lassen und aufhören, ständig um sie zu kreisen. Allerdings kann man nur loslassen, was man angenommen hat. Nur wenn ich sie wahrnehme, kann ich sie loslassen. Wir sollen andererseits aber auch die euphorischen Gefühle der Vergangenheit loslassen. Manche leben nur in der Vergangenheit und vergolden die alten Zeiten. Doch dann weigern sie sich, dort zu sein, wo sie jetzt leben.

Der dritte Auszug gilt dem Sichtbaren. Wir wandern aus allem aus, was diese Welt ausmacht: aus Reichtum, Besitz, Anerkennung, Erfolg, um uns auf den Weg der Verwandlung zu machen. Wandern heißt wandeln, sich wandeln, verwandelt werden. Nur wer sich auf den Weg macht und wandelt, ist bereit, sich von Gott verwandeln zu lassen.

Wenn wir bereit sind, wie Abraham auszuziehen aus allem Vertrauten und uns auf den Weg zu machen, werden wir ein Segen für andere. Das ist die Verheißung, die über diesem Auszug steht. Aber wir werden nur ein Segen für andere, wenn wir den Segen Gottes über uns wahrnehmen. Wir sind gesegnet. Gott hat gute Worte über uns gesprochen. Daher sollen wir aufhören, alles negativ zu bewerten, was in uns ist. Wir gehen unter dem Segen Gottes unseren Weg. Sein Segen ist wie ein Schutzmantel, der uns einhüllt. So können wir voll Vertrauen unseren Weg gehen. Denn dieser Weg wird uns zum Leben führen. Segen heißt auch Fruchtbarkeit: Unser Leben wird für andere zum Segen, weil wir selbst aufblühen und Frucht bringen.

Als Israel aus Ägypten auszog, Jakobs Haus aus dem Volk mit fremder Sprache, da wurde Juda Gottes Heiligtum, Israel das Gebiet seiner Herrschaft. Das Meer sah es und floh, der Jordan wich zurück. Die Berge hüpften wie Widder, die Hügel wie junge Lämmer. Was ist mit dir, Meer, dass du fliehst, und mit dir, Jordan, dass du zurückweichst? Ihr Berge, was hüpft ihr wie Widder, und ihr Hügel, wie junge Lämmer? Vor dem Herrn erbebe, du Erde, vor dem Antlitz des Gottes Jakobs, der den Fels zur Wasserflut wandelt und Kieselgestein zu quellendem Wasser.

PSALM 114

Hier haben wir einen österlichen Psalm. Er erinnert die Juden an den Auszug aus Ägypten und ist für die Kirche zum Bild für die Auferstehung Jesu geworden. In der Auferstehung Jesu blieb der Feind des Lebens – der Tod – im Wasser des Roten Meeres begraben. Jesus ist auferstanden und wir mit ihm. Auf das Wunder des Auszugs aus Ägypten reagierte sogar die Erde. Das Meer floh erschrocken, die Berge hüpften wie Widder. Der Psalmist sieht das als Tanz an. Vor dem Antlitz des Herrn tanzt die Erde, und die Auferstehung berührt die ganze Erde. Die Macht des Todes ist gebrochen. So tanzt die Erde den Tanz der Befreiung.

Und in diesen Tanz der Erde sollen auch wir uns einreihen. Der Grund dieses Tanzes ist Gott selbst, der für uns Christen in der Auferstehung Jesu alles in uns wandelt. Die Auferstehung vermittelt uns die Hoffnung, dass es nichts in uns gibt, was nicht verwandelt werden kann: Es gibt keine Dunkelheit, die nicht vom Licht erleuchtet wird, keine Erstarrung, die nicht aufgebrochen wird, kein Scheitern, das nicht zu einem Neuanfang wird, keinen Tod, der nicht zum Leben verwandelt wird.

Der Psalm drückt dieses Wunder der Verwandlung in zwei Bildern aus. Gott wandelt den Fels zur Wasserflut und Kieselgestein zu quellendem Wasser. Der Fels ist hart. Doch beim Auszug Israels aus Ägypten hält Mose auf Befehl Gottes seinen Stab an den Felsen. Und auf einmal strömt Wasser aus ihm hervor (vgl. Ex 17,6; Num 20,11).

Der Fels steht für das Harte in uns. Wir sind oft hart wie Stein, undurchdringlich wie Kieselgestein. Doch die Auferstehung Jesu bedeutet, dass alles in uns aufgebrochen werden kann. Dort, wo nur Härte und Kälte ist, kann auf einmal ein Quell entspringen, der unser Leben befruchtet. Und wir können uns an der Quelle frischen Wassers stärken, so dass neues Leben in uns einströmt. Das ist Grund genug, vor diesem Gott, der alles in uns zu wandeln vermag, zu tanzen, uns in den Tanz der Erde mit einzureihen.

Dann wurde Jesus vom Geist in die Wüste geführt; dort sollte er vom Teufel in Versuchung geführt werden. Als er vierzig Tage und vierzig Nächte gefastet hatte, bekam er Hunger. Da trat der Versucher an ihn heran und sagte: Wenn du Gottes Sohn bist, so befiehl, dass aus diesen Steinen Brot wird. Er aber antwortete: In der Schrift heißt es: Der Mensch lebt nicht nur von Brot, sondern von jedem Wort, das aus Gottes Mund kommt. Darauf nahm ihn der Teufel mit sich in die Heilige Stadt, stellte ihn oben auf den Tempel und sagte zu ihm: Wenn du Gottes Sohn bist, so stürz dich hinab; denn es heißt in der Schrift: Seinen Engeln befiehlt er, dich auf ihren Händen zu tragen, damit dein Fuß nicht an einen Stein stößt. Jesus antwortete ihm: In der Schrift heißt es auch: Du sollst den Herrn, deinen Gott, nicht auf die Probe stellen. Wieder nahm ihn der Teufel mit sich und führte ihn auf einen sehr hohen Berg; er zeigte ihm alle Reiche der Welt mit ihrer Pracht und sagte zu ihm: Das alles will ich dir geben, wenn du dich vor mir niederwirfst und mich anbetest. Da sagte Jesus zu ihm: Weg mit dir, Satan! Denn in der Schrift steht: Vor dem Herrn, deinem Gott, sollst du dich niederwerfen und ihm allein dienen. Darauf ließ der Teufel von ihm ab und es kamen Engel und dienten ihm.

MATTHÄUS 4,1–11

Jesus beginnt sein öffentliches Wirken mit einem Rückzug in die Wüste. Bevor er von Gott spricht und zu den Menschen predigt, bereitet er sich dort darauf vor. Er stellt sich den Versuchungen, die sich nicht nur in die Predigttätigkeit einschleichen, sondern denen jeder Mensch ausgesetzt ist auf seinem Weg der Menschwerdung. Und diese Versuchung tritt gerade dort immer auf, wo wir einen neuen Anfang wagen. Ist dieser Anfang Ausdruck unserer Ruhmsucht? Schleichen sich da andere Motive ein?

Bei Markus wird die Versuchung nicht näher beschrieben. Es heißt von Jesus nur, dass er bei den wilden Tieren lebte und dass Engel ihm dienten (vgl. Mk 1,13). Er wird in der Versuchung mit dem Wilden und Ungeformten in seiner Seele konfrontiert. Aber das Wilde bekommt keine Macht über ihn. Jesus macht sich vertraut, Engel sind ihm zur Seite. Sie zähmen das Wilde, so dass er aus der Kraft des Wilden leben kann, ohne von den wilden Tieren zerrissen zu werden. Jesus lernt in der Wüste die Abgründe der menschlichen Seele kennen, aber all das Dunkle und Wilde in ihm wird verwandelt. Das meint das Bild der Engel. Das Dunkle wird hell, und das Wilde wird zum treuen Begleiter, zum Engel an Jesu Seite.

Matthäus und Lukas dagegen beschreiben uns drei Versuchungen, die auch uns auf unserem Weg der Selbstwerdung und auf unserem spirituellen Weg begegnen.

Die erste Versuchung besteht darin, alles für sich zu gebrauchen, alles zu konsumieren. Diese Versuchung bedeutet heute weniger, möglichst aus allem eine essbare Speise zu machen, vielmehr zeichnet sich die Gefahr für uns ab, dass wir alles konsumieren, dass wir auch das Heilige für uns gebrauchen. Alles muss uns etwas bringen, selbst der Glaube, selbst das Gebet. Alles wird an seiner Nützlichkeit gemessen. Alles dient uns und der Befriedigung unserer Bedürfnisse. Wir haben verlernt, das Heilige heilig sein zu lassen, unantastbar, unserem Zugriff entzogen. Jesus verweist den Versucher auf die Aussage der Schrift, dass der Mensch von jedem Wort lebt, »das aus Gottes Mund kommt« (Mt 4,4). Der wahre Hunger des Menschen ist geistig. Von Worten, die Gott spricht, kann man leben. Worte können meine Seele wahrhaft nähren.

Die zweite Versuchung bezieht sich auf die Vereinnahmung Gottes. Er soll dazu missbraucht werden, das eigene Selbstwertgefühl zu steigern. Das Gefährliche an dieser Versuchung ist der Missbrauch der biblischen Worte. Der Teufel versucht Jesus mit dem Hinweis auf das Psalmwort, dass Gott seinen Engeln befohlen habe, ihn auf ihren Händen zu tragen. Man kann Gott missbrauchen, um bei den Menschen Anerkennung zu gewinnen. Dann geht es nicht um Gott, sondern nur um das eigene Ego. Wenn das Heilige aber missbraucht wird, dann wird das Wertvollste des Menschen zerstört. Diese Gefahr ist heute groß. Gott wird für das eigene Image missbraucht. Er wird herangezogen, um die eigene Rechthaberei zu begründen und sich über andere zu stellen. Jesus ist dieser Versuchung nicht erlegen. Er kontert mit einem anderen biblischen Wort: »Du sollst den Herrn, deinen Gott, nicht auf die Probe stellen.« (Mt 4,7)

Wenn man seinen spirituellen Weg dazu missbraucht, vor den Menschen besondere Kunststücke zu vollbringen oder Fähigkeiten zu entwickeln, mit denen man sich über sie erhebt, dann stellt man – so meint es Jesus – Gott auf die Probe. Man missbraucht Gott für sich selbst, für das eigene Ego. Vieles, was heute auf dem spirituellen Markt als Weg zu größerer Erfahrung verkauft wird, stärkt nur das Ego, anstatt es für Gott aufzubrechen.

Die dritte Versuchung ist die zur Macht. Der Teufel zeigt Jesus alle Reiche dieser Welt. Jesus könnte Herrscher über alle Welt werden, wenn er nur vor dem Teufel niederfällt und ihn anbetet. Diese Versuchung wurde in vielen Märchen und Geschichten als Teufelspakt beschrieben. Der Mensch steigert seine Macht, indem er sich dem Teufel verschreibt. Doch solches Verschreiben hat immer seinen Preis. Der Mensch verliert seine Freiheit, oft genug auch seine Liebe. Er wird kalt. Er stirbt in seiner Seele. Für Matthäus ist die Versuchung zur Macht die gefährlichste. Er wird Jesus in seinem Evangelium als den beschreiben, der auf alle Macht und Gewalt verzichtet, der gewaltlos auf die Gewalt der Menschen reagiert und gerade so seine Sohnschaft im Vertrauen auf den himmlischen Vater bewährt.

Jesus wehrt die Versuchung zur Macht ab, indem er das Wort aus dem Buch Deuteronomium zitiert, mit dem Mose das Volk Israel ermahnt hat, dem wahren Gott zu dienen: »Vor dem Herrn, deinem Gott, sollst du dich niederwerfen und ihm allein dienen.« (Mt 4,10) Alle drei Schriftworte, mit denen Jesus dem Teufel antwortet, stammen aus jenem Buch. Damit zeigt Matthäus, dass Jesus die gleichen Versuchungen durchschritten hat, die das Volk Israel bei seinem dort abschließend thematisierten Auszug aus Ägypten erlebt hat. Es sind auch unsere Versuchungen, denen wir bei jedem Neuanfang und bei jedem Auszug aus alten Gewohnheiten begegnen. Nur wenn wir wie Jesus die Versuchungen bestehen, wird unser Weg zum Segen für uns und für die Menschen werden.

Während er noch darüber nachdachte, erschien ihm ein Engel des Herrn im Traum und sagte: Josef, Sohn Davids, fürchte dich nicht, Maria als deine Frau zu dir zu nehmen; denn das Kind, das sie erwartet, ist vom Heiligen Geist. Sie wird einen Sohn gebären; ihm sollst du den Namen Jesus geben; denn er wird sein Volk von seinen Sünden erlösen. Dies alles ist geschehen, damit sich erfüllte, was der Herr durch den Propheten gesagt hat: Seht, die Jungfrau wird ein Kind empfangen, einen Sohn wird sie gebären, und man wird ihm den Namen Immanuel geben, das heißt übersetzt: Gott ist mit uns. Als Josef erwachte, tat er, was der Engel des Herrn ihm befohlen hatte, und nahm seine Frau zu sich ... Als die Sterndeuter wieder gegangen waren, erschien dem Josef im Traum ein Engel des Herrn und sagte: Steh auf, nimm das Kind und seine Mutter, und flieh nach Ägypten; dort bleibe, bis ich dir etwas anderes auftrage; denn Herodes wird das Kind suchen, um es zu töten. Da stand Josef in der Nacht auf und floh mit dem Kind und dessen Mutter nach Ägypten.

MATTHÄUS 1,20–24 UND 2,13f

Josef überlegt, wie er sich heimlich von seiner Verlobten Maria trennen kann, ohne sie in der Öffentlichkeit bloßzustellen wegen ihrer Schwangerschaft. Mitten in diese Gedanken hinein besucht ihn ein Engel im Traum. Er deutet ihm, was mit Maria wirklich geschehen ist. Sie ist nicht fremdgegangen, sondern das Kind, das sie im Schoß trägt, ist vom Heiligen Geist. Der Traum zeigt dem Josef die wahre Wirklichkeit, die er durch seine eigenen Überlegungen verdunkelt hat. Er hört auf den Engel, der ihn im Traum anspricht, steht auf und tut das, was ihm nun aufgetragen ist. Josef nimmt Maria als seine Frau zu sich. Noch dreimal tritt der Engel im Traum zu ihm und sagt ihm, was er zu tun hat. Er schützt ihn vor dem Wüten des Herodes, indem er ihm aufträgt, nach Ägypten zu fliehen, und er zeigt ihm an, wann er wieder zurückkehren kann, weil Herodes gestorben ist. Unterwegs weist ihn der Engel zusätzlich an, nicht nach Betlehem zurückzugehen, sondern nach Galiläa. Denn der Sohn des Herodes, der jetzt in Judäa herrscht, ist genauso grausam wie sein Vater. In Galiläa jedoch herrscht Herodes Antipas.

Träume begleiten die Geburt und die Kindheit Jesu. Der Engel sagt dem Josef im Traum, was er tun soll, damit das Kind im Schutze Gottes aufwachsen kann. Josef hört auf die Träume. Von ihm sollten wir lernen, auch auf unsere Träume zu horchen. Gerade wenn wir etwas Neues beginnen wollen, schickt uns Gott oft wichtige Träume. Sie warnen uns vor Gefahren, sie zeigen uns einen Weg. Im Traum spricht der Engel oft in Bildern zu uns. Und es ist wichtig, dass wir diese Bilder dann mit unserem Verstand zu verstehen suchen. Und wir sollten unsere Träume Gott hinhalten, dass Gott selbst sie uns entschlüsselt. Der Josef des Alten Testaments sagt seinen Mitgefangenen, die ihn um die Deutung eines Traums bitten: »Ist nicht das Träumedeuten Sache Gottes?« (Gen 40,8)

So ist es gut, den Traum Gott hinzuhalten und Gott zu fragen, was er mir durch diesen Traum sagen möchte. Alle Bilder des Traums haben eine Bedeutung. Und es ist gut, diese Bilder zu betrachten und sie dann im Gebet mit Gott und mit eigenem Nachdenken zu entschlüsseln. Träume können eine Hilfe sein, die richtige Entscheidung zu treffen. Denn oft weist uns der Engel im Traum auf etwas hin, was wir mit unserem Bewusstsein nicht erkennen. Und dieses Unbekannte und Unbewusste sollen wir bei der Entscheidung auch berücksichtigen.

Am Tag darauf stand Johannes wieder dort und zwei seiner Jünger standen bei ihm. Als Jesus vorüberging, richtete Johannes seinen Blick auf ihn und sagte: Seht, das Lamm Gottes! Die beiden Jünger hörten, was er sagte, und folgten Jesus. Jesus aber wandte sich um, und als er sah, dass sie ihm folgten, fragte er sie: Was wollt ihr? Sie sagten zu ihm: Rabbi – das heißt übersetzt: Meister –, wo wohnst du? Er antwortete: Kommt und seht! Da gingen sie mit und sahen, wo er wohnte, und blieben jenen Tag bei ihm; es war um die zehnte Stunde.

JOHANNES 1,35–39

Johannes der Täufer verweist zwei seiner Jünger auf Jesus. Er erkennt das Wesen Jesu: »Seht das Lamm Gottes!« In diesem Menschen, der einer unter vielen ist, leuchtet Gottes Herrlichkeit auf. Die Jünger verstehen die Aussage ihres Meisters und folgen Jesus nach. Sie sind neugierig. Doch Jesus dreht sich zu ihnen um und fragt sie: »Was wollt ihr?« Wer einen neuen Anfang machen möchte, sollte wissen, was er will. Es genügt nicht, einem anderen nachzulaufen, ich muss wissen, was ich mit meinem Leben will, welche Lebensspur ich in diese Welt eingraben möchte. Heute gibt es immer wieder Menschen, die begeistert etwas Neues anfangen, doch schon nach ein paar Wochen verlieren sie die Lust daran und folgen einem anderen Trend. Jemand hat ihnen eine andere Methode angepriesen. So folgen sie dieser Methode und kommen auf ihrem Weg doch nicht weiter. Daher ist die Frage Jesu bei jedem Neubeginn wichtig: »Was willst du wirklich? Bist du dir klar, was du willst? Bist du auch bereit, die Konsequenzen auf dich zu nehmen für das, was du willst?«

Die Jünger können Jesus nicht sofort Auskunft darüber geben, was sie wollen. Sie stellen ihm vielmehr eine Frage: »Wo wohnst du?« Sie wollen ihn erst kennen lernen, bevor sie ihm folgen. Das ist durchaus sinnvoll. Wir wollen uns erst vertraut machen mit dem, der uns einen neuen Weg zeigt. Ist er für uns überzeugend? Oder verspricht er zu viel? Jesus nimmt das Bedürfnis der Jünger ernst. Er fordert sie auf: »Kommt und seht!« Sie sollen einfach sehen, wo er wohnt, wie er lebt, was seine Ausstrahlung ist. Sie sollen nicht blind folgen, sondern erst ihre Erfahrung machen mit diesem Jesus. Dann können sie entscheiden, ob sie ihren alten Meister Johannes verlassen und ihm nachfolgen wollen.

Die Jünger gehen mit Jesus und sahen, wo er wohnte. Sie spürten seine Atmosphäre, seine Ausstrahlung, und sie vertrauten ihrem inneren Gespür. Die Zeitangabe »Es war um die zehnte Stunde« ist sicher nicht zufällig gewählt. Zehn ist die Zahl der Ganzheit. Die Jünger spüren, dass sie in der Nähe Jesu zu einem ganzen Menschen werden können, dass sie das, was bisher in ihnen beziehungslos nebeneinanderlag, zu einer Ganzheit verbinden könnten. Er vermittelt ihnen das Vertrauen, dass sie die werden könnten, die sie von ihrem Wesen her sind.

Der Evangelist Johannes hat in diesem Abschnitt vor allem das Wort »Sehen« in den Mittelpunkt gestellt. Es ist gleichsam eine Schule des Schauens, in die Jesus die Jünger mitnimmt. Sie sollen nicht nur oberflächlich sehen, was sich ihnen darbietet. Sie sollen tiefer schauen. Letztlich geht es bei den verschiedenen Worten, die Johannes für das Sehen gebraucht, darum, das Wesen eines Menschen zu erkennen und Gott selbst in ihm zu schauen.

Wenn wir einem anderen folgen möchten, dann sollten wir genau hinschauen, was dieser Mensch ausstrahlt, welches Wesen er uns offenbart. Und wir sollen hinschauen, ob wir in ihm Gott erkennen können oder nur sein eigenes Ego, das er mit seinem Wissen zelebriert. Nur wenn wir Gott und Gottes Willen in einem Menschen erkennen, können wir ihm folgen, können wir uns von seiner Wegweisung leiten lassen. Wenn uns jemand zu viel verheißt und mit zu großen Worten sein Ego zur Schau stellt, werden wir ihm nicht folgen. Dann fragen wir uns, was Gott von uns will. Und Gottes Wille führt immer in die Lebendigkeit, Freiheit, zum Frieden und zur Liebe.

Jesus ging in das Haus eines Pharisäers, der ihn zum Essen eingeladen hatte, und legte sich zu Tisch. Als nun eine Sünderin, die in der Stadt lebte, erfuhr, dass er im Haus des Pharisäers bei Tisch war, kam sie mit einem Alabastergefäß voll wohlriechendem Öl und trat von hinten an ihn heran. Dabei weinte sie und ihre Tränen fielen auf seine Füße. Sie trocknete seine Füße mit ihrem Haar, küsste sie und salbte sie mit dem Öl. Als der Pharisäer, der ihn eingeladen hatte, das sah, dachte er: Wenn er wirklich ein Prophet wäre, müsste er wissen, was das für eine Frau ist, von der er sich berühren lässt; er wüsste, dass sie eine Sünderin ist. Da wandte sich Jesus an ihn und sagte: Simon, ich möchte dir etwas sagen. Er erwiderte: Sprich, Meister! (Jesus sagte:) Ein Geldverleiher hatte zwei Schuldner; der eine war ihm fünfhundert Denare schuldig, der andere fünfzig. Als sie ihre Schulden nicht bezahlen konnten, erließ er sie beiden. Wer von ihnen wird ihn nun mehr lieben? Simon antwortete: Ich nehme an, der, dem er mehr erlassen hat. Jesus sagte zu ihm: Du hast recht. Dann wandte er sich der Frau zu und sagte zu Simon: Siehst du diese Frau? Als ich in dein Haus kam, hast du mir kein Wasser zum Waschen der Füße gegeben; sie aber hat ihre Tränen über meinen Füßen vergossen und sie mit ihrem Haar abgetrocknet. Du hast mir (zur Begrüßung) keinen Kuss gegeben; sie aber hat mir, seit ich hier bin, unaufhörlich die Füße geküsst. Du hast mir nicht das Haar mit Öl gesalbt; sie aber hat mir mit ihrem wohlriechenden Öl die Füße gesalbt. Deshalb sage ich dir: Ihr sind ihre vielen Sünden vergeben, weil sie (mir) so viel Liebe gezeigt hat. Wem aber nur wenig vergeben wird, der zeigt auch nur wenig Liebe. Dann sagte er zu ihr: Deine Sünden sind dir vergeben. Da dachten die anderen Gäste: Wer ist das, dass er sogar Sünden vergibt? Er aber sagte zu der Frau: Dein Glaube hat dir geholfen. Geh in Frieden!

LUKAS 7,36–50

B

In einer wunderbaren Erzählung schildert uns der Evangelist Lukas, wie auch ein Mensch, der von den anderen als Sünder abgestempelt wird, einen Neuanfang wagen kann. In dieser Geschichte erweist sich Lukas als begabter Erzähler. Er benutzt dabei Stilmittel der griechischen Symposionliteratur, vor allem das Motiv des Auftretens ungeladener Gäste und den Dialog, der die griechischen Gastmähler bestimmt.

Jesus liegt – wie in hellenistischen Kreisen üblich – im Haus eines Pharisäers zu Tisch. Da geschieht die Überraschung. Eine stadtbekannte Sünderin kommt herein und tritt von hinten an Jesus heran. Sie benetzt seine Füße mit ihren Tränen, wischt sie mit ihren Haaren ab und salbt sie mit kostbarem Öl. Während die Salbung des Kopfes zu den damaligen Empfangsriten zählte, ist die Salbung der Füße ein unerhörter Vorgang. Es ist eine erotische Szene. Denn die Füße eines Mannes durfte legitimerweise nur die eigene Gattin oder Tochter salben. Und die Haare aufzulösen wirkt für seinerzeitiges Empfinden besonders erotisch. Die Frau küsst sogar Jesu Füße. Während sie für die Allgemeinheit empörenswert handelt, deutet er ihr Verhalten positiv. Er sieht ihre Tränen, ihre Not, ihre Sehnsucht nach wahrer Liebe.

Jesus ergreift die Initiative und bringt den Pharisäer, der ihn in Gedanken angezweifelt hatte, mit einem Gleichnis in Verlegenheit, das aus der Welt des antiken Kreditgeschäftes genommen ist (Lk 7,41f). Und dann rügt er öffentlich dessen Verhalten und verteidigt das Tun der Frau, in dem er einen Ausdruck ihrer Liebe erkennt. Und diese Liebe ist ein Zeichen dafür, dass ihr viel vergeben worden ist. Jesus spricht der Frau die Vergebung vor allen Gästen öffentlich zu. Lukas lässt den Leser bewusst in der Schwebe, ob er ihr nun vergibt, weil sie ihm so viel Liebe erwiesen hat, oder ob er die Vergebung nur bestätigt, die der Grund ihrer Liebe gewesen ist. Es ist ein Ineinander von Vergebung und Liebe. Und es lohnt sich nicht, zu streiten, was vorher da war, die Vergebung oder die Liebe. Liebe und Vergebung sind miteinander verzahnt.

Lukas will in dieser Szene nicht nur Jesu liebevolle Zuwendung zu der Sünderin schildern. Er hat sicher auch die Situation seiner Gemeinde im Auge. Dort gab es vermutlich unter den Christen Zugehörige, die die Nase rümpften über Neubekehrte, die keine ehrenwerte Vergangenheit hatten.

Das gleiche Phänomen beobachten wir mitunter heute in unseren Gemeinden. Auch da gibt es solche, die auf andere herabschauen und ihnen keine Chance eines Neuanfangs zugestehen. Doch die Erfahrung zeigt: Gerade Menschen, die sich aus einer verkorksten Situation heraus bekehrten, legen oft eine besondere Herzlichkeit an den Tag. Ihre Liebe ist Ausdruck der Vergebung, die sich für sie ereignet hat. Wer die Vergebung als Befreiung von seiner misslungenen Lebensgeschichte empfindet, der wird nun auch anderen von Herzen vergeben. Er wird sich nicht über die Sünder erheben, weil er weiß, dass er sein Leben selbst verfehlt hatte, bevor die Vergebung ihn auf den neuen Weg des Heils brachte.

Die Botschaft an uns ist: Es ist nie zu spät, umzukehren. Wenn du liebst, dann darfst du vertrauen, dass Gott dir alles vergeben hat. Du brauchst deine Vergangenheit nicht mehr wie eine Last mit dir herumzuschleppen. Du kannst sie loslassen und einen neuen Anfang wagen. Aber wage diesen Anfang jetzt nicht als einer, der perfekt sein will, sondern als einer, der barmherzig ist mit sich selbst und mit anderen, weil Gott ihm Barmherzigkeit erwiesen hat.

Wenn also jemand in Christus ist, dann ist er eine neue Schöpfung: Das Alte ist vergangen, Neues ist geworden.

2 KORINTHER 5,17

B

Die frühen Mönche haben dieses Wort aus dem Zweiten Korintherbrief als Heilmittel gegen die Traurigkeit geschätzt. Es gab Mönche, die eine schwere Kindheit hatten. Sie hatten das Gefühl, dass sie benachteiligt waren anderen gegenüber. Sie hatten keine Bildung genossen, waren in Armut herangewachsen und oft genug in einer Atmosphäre der Gewalt.

Wir kennen diese Erfahrung auch heute noch. Betroffene fühlen sich dann manchmal so mut- und hilflos wie die Mönche damals: »Mit mir ist nichts los. Ich bin zu nichts nutze. Bei mir ist alles verkorkst. Ich werde es nie schaffen, ein gutes Leben zu führen.«

Wenn jemand solche Gedanken in sich entdeckt, dann soll er in diese Gedanken das Wort des Paulus hineinsprechen: »Ist einer in Christus, ist er eine neue Schöpfung. Das Alte ist vergangen, Neues ist geworden.« Wenn er diese Worte immer in sich hineinspricht und daran glaubt, dann wird er sich auf neue Weise erleben. Er wird spüren, dass er nicht festgelegt ist durch seine Vergangenheit. Was früher war, zählt nicht mehr. Er ist nur der, der die vergangenen Jahre erlebt hat. Und in ihm ist auch etwas Neues, das er jedoch noch nicht greifen kann.

Aber wenn er daran glaubt, dass mit Christus in ihm etwas Neues, Ursprüngliches, noch nicht Verbrauchtes oder nicht Beschädigtes ist, dann erlebt er sich auf neue Weise. Dann spürt er: dieser neue Augenblick gehört mir. Und er steht unter dem Segen Gottes.

Er steht in der Wirklichkeit Jesu Christi, die in uns ist. Sein Geist ist in uns. Und Geist ist der immer neu machende Geist Gottes. Dieser Geist kann das Alte verwandeln und erneuern. Es ist keine Flucht vor der Vergangenheit, sondern eine Verwandlung durch das Neue, das durch Christus in uns ist. Wir akzeptieren unsere Vergangenheit, aber wir nehmen ihr die Macht. Wir vertrauen darauf, dass in uns eine neue Wirklichkeit ist, die Wirklichkeit Jesu Christi. Und die ist stärker als unsere Vergangenheit.

So können wir im Vertrauen auf das Neue in uns neue Wege gehen, unseren Weg, den Gott uns zugedacht hat. Es ist ein Weg der Versöhnung und ein Weg der Verwandlung.

Legt den alten Menschen ab, der in Verblendung und Begierde zugrunde geht, ändert euer früheres Leben, und erneuert euren Geist und Sinn! Zieht den neuen Menschen an, der nach dem Bild Gottes geschaffen ist in wahrer Gerechtigkeit und Heiligkeit.

EPHESER 4,22–24

B

Wer getauft worden ist, hat den alten Menschen abgelegt. Er ist in Jesus Christus neu geworden. Doch was in der Taufe geschehen ist, das müssen wir immer wieder auch in unserer Lebensführung verwirklichen. So mahnt uns der Epheserbrief, den alten Menschen abzulegen und den neuen anzuziehen.

Der alte Mensch zeichnet sich aus durch Begierde und Verblendung. Er lebt in einer Täuschung, in einer Illusion. Er macht sich etwas vor und lebt an sich und an der Wirklichkeit vorbei. Und das führt zum Verderben. So ein Mensch geht innerlich zugrunde. Er löst sich auf.

Christsein heißt: Umkehr und Erneuerung. Im Griechischen steht hier: *anastrophe*, das Umwenden, Umwandlung, Verwandlung meint. Wer in der Taufe in Christus hineingenommen ist, muss eine Umkehr vollziehen, weil er schon in seinem Wesen verwandelt worden ist.

Und er soll sich erneuern lassen, neu werden, eine neue Gesinnung annehmen, weil sein Innerstes schon neu geworden ist. Paulus verwendet hier einen eigenartigen Ausdruck, *de to pneumati tou noos*. Wörtlich heißt es: im Geist des Verstandes. Es scheint eine Verdoppelung zu sein. Für mich meint dieser Ausdruck: der innere Mensch, das Innerste der Seele. Der Geist Jesu soll unser Denken prägen. Die Erneuerung und Verwandlung fängt im Denken an. Wenn wir neue Gedanken denken, kann auch unser Leben erneuert werden.

Und dann schließt Paulus mit der Mahnung, dass wir den neuen Menschen anziehen sollen. Wir sollen zusammenwachsen mit dem neuen Menschen, der wir durch die Taufe geworden sind.

Trotz Taufe bleibt der alte Mensch in uns noch da und meldet sich immer wieder zu Wort. Daher braucht es einen bewussten Akt, um den neuen Menschen anzuziehen und mit ihm eins zu werden. Dieser neue Mensch entspricht dem Bild, das Gott sich von uns gemacht hat. Und er zeichnet sich aus durch wahre Gerechtigkeit und Heiligkeit. Er wird sich selbst und den Menschen gerecht. Und er ist wahrhaftig und authentisch.

Wir können das jeden Morgen konkret einüben, wenn wir uns anziehen. Bei uns im Kloster war es früher üblich, dass wir das Anziehen des Habits und der Kukulle mit einem Gebet verbunden haben. Doch man kann sich auch beim Anziehen eines Hemdes oder eines Kleides vorsagen:

Ich ziehe Christus als neues Gewand an. Ich lebe heute als neuer Mensch, als Mensch, der vom Geist Gottes geprägt und innerlich erneuert worden ist. Dann erleben wir den neuen Tag immer auch als Neubeginn. Heute fangen wir an zu leben. Was früher war, ist jetzt nicht wichtig.

Jagt nicht dem Tod nach in den Irrungen eures Lebens, und zieht nicht durch euer Handeln das Verderben herbei! Denn Gott hat den Tod nicht gemacht und hat keine Freude am Untergang der Lebenden. Zum Dasein hat er alles geschaffen, und heilbringend sind die Geschöpfe der Welt. Kein Gift des Verderbens ist in ihnen, das Reich des Todes hat keine Macht auf der Erde; denn die Gerechtigkeit ist unsterblich.

WEISHEIT 1,12–15

Das Buch der Weisheit verbindet griechische und jüdische Weisheit miteinander. Die zentrale Aussage dieser Verse ist, dass Gott alles zum Dasein geschaffen hat und die Geschöpfe der Welt heilbringend sind. Alles, was ist, ist gut und dient dem Menschen, damit er daran gesunde.

Doch Menschen jagen immer wieder auch dem Tod hinterher. Sie gehen beispielsweise tausend Aktivitäten nach und empfinden das als wahres Leben. Es kann aber mitunter sein, dass sie in Wirklichkeit dabei wie tot sind, sich darin dann selbst verlieren.

Gott will nicht den Tod des Menschen, sondern dass er lebt. Das, was er geschaffen hat, ist gut. Er hat kein Gift des Verderbens in die Dinge gelegt. Wenn der Mensch dem Tod nachjagt und dabei sein Verderben erfährt, dann handelt er gegen das, was Gott geschaffen hat. Gott hat alles gut gemacht. Er hat alles in Gerechtigkeit geschaffen und geordnet. Und diese Gerechtigkeit ist unsterblich.

Die Worte aus dem Buch der Weisheit laden uns ein, die Dinge einfach einmal zu lassen, wie sie sind. Sie sind von sich aus gut. Wir müssen nicht alles ständig anders machen oder verändern. Gelassenheit heißt zuerst einmal, die Dinge zu lassen.

Es gibt heute einen Optimierungswahn. Man muss sich selbst ständig optimieren, man muss die Zeit optimal ausnutzen. Das Buch der Weisheit lädt uns ein, uns einfach mal Zeit zu lassen und zu genießen, dass wir nichts tun müssen. Und es lädt uns ein, uns selbst erst einmal zu lassen, in dem Vertrauen, dass wir schon von selbst in die Gestalt hineinwachsen, die uns Gott geschenkt hat. Viele kommen vor lauter Optimierungswahn nie zur Ruhe. Und sie sind nie zufrieden, denn sie haben immer noch nicht das Optimum erreicht. Doch mit diesem Wahn leben sie am eigentlichen Leben vorbei.

Was das Buch der Weisheit empfiehlt, das hat schon etwas früher die chinesische Philosophie betont. Sie spricht von *Wu-wei*, dem großen Lassen. Die Dinge entwickeln sich zum Segen für uns, wenn wir sie lassen. Das unruhige Herumändern verschlechtert sie, anstatt sie zum Besseren zu führen. Gott hat die Dinge so geschaffen, dass sie das Leben des Menschen fördern. Sie verstärken das Leben durch ihre Schönheit, die heilsam auf den Menschen wirkt. Und sie verstärken das Leben durch die heilende Kraft, die in den Gaben der Schöpfung liegt, in den Pflanzen, vor allem in den Heilkräutern, aber auch in allem, was dem Menschen zur Nahrung dient. Diese Haltung, die Dinge zu lassen, führt dann auch zur Haltung der Gelassenheit, dass wir gelassen und mit innerer Ruhe und Freiheit unseren Weg gehen.

Deswegen sage ich euch: Sorgt euch nicht um euer Leben und darum, dass ihr etwas zu essen habt, noch um euren Leib und darum, dass ihr etwas anzuziehen habt. Ist nicht das Leben wichtiger als die Nahrung und der Leib wichtiger als die Kleidung? Seht euch die Vögel des Himmels an: Sie säen nicht, sie ernten nicht und sammeln keine Vorräte in Scheunen; euer himmlischer Vater ernährt sie. Seid ihr nicht viel mehr wert als sie? Wer von euch kann mit all seiner Sorge sein Leben auch nur um eine kleine Zeitspanne verlängern? Und was sorgt ihr euch um eure Kleidung? Lernt von den Lilien, die auf dem Feld wachsen: Sie arbeiten nicht und spinnen nicht. Doch ich sage euch: Selbst Salomo war in all seiner Pracht nicht gekleidet wie eine von ihnen. Wenn aber Gott schon das Gras so prächtig kleidet, das heute auf dem Feld steht und morgen ins Feuer geworfen wird, wie viel mehr dann euch, ihr Kleingläubigen! Macht euch also keine Sorgen und fragt nicht: Was sollen wir essen? Was sollen wir trinken? Was sollen wir anziehen? Denn um all das geht es den Heiden. Euer himmlischer Vater weiß, dass ihr das alles braucht. Euch aber muss es zuerst um sein Reich und um seine Gerechtigkeit gehen; dann wird euch alles andere dazugegeben.

MATTHÄUS 6,25–33

Martin Heidegger versteht den Menschen wesentlich als einen, der sich sorgt. Jesus versteht den Menschen anders. Der Mensch entspricht seinem Wesen, wenn er vertraut und aus dem Vertrauen lebt.

Jesus spricht die Worte nicht nur den Menschen damals zu, sondern uns heute. Und heute haben diese Worte eine neue Aktualität. Ich kenne viele Menschen, die sich ständig Sorgen machen. Sie sehen im Fernsehen die neuesten Nachrichten über Terrorakte und haben Angst, sie selbst könnten Opfer des Terrors werden. Sie hören von ungesunden Stoffen in der Nahrung und sorgen sich, ob sie nicht krank werden durch das, was sie essen. Sie sorgen sich, dass das Geld entwertet wird und ihr Erspartes nichts mehr zählt, dass ihre Alterssicherung nicht gewährleistet wird. Sie leben ständig in Sorge. Die Medien, die uns alles Negative, was in der Welt geschieht, dauernd vor Augen führen, verstärken die Sorgen bei bestimmten Menschen. Gerade wenn wir im Fernsehen die neuesten Nachrichten über Krieg und Terror, über Krankheitsepidemien oder Geldentwertung schauen, bräuchten wir die Worte Jesu: »Sorgt euch nicht um euer Leben!« (Mt 6,25)

Das Lehrgedicht Jesu von der Sorglosigkeit hat den Protest vieler hervorgerufen. Doch Jesus ist nicht naiv. Er weiß, dass wir uns um unsere Zukunft sorgen sollen. Aber wenn er hier von Sorge spricht, dann bedeutet das etwas anderes. Das griechische Wort *merimna* meint die bange

Erwartung von etwas, die Angst vor etwas, das ängstliche Sorgen und Sich-Kümmern. Die Griechen sprechen von den quälenden und plagenden Sorgen, die den Menschen ganz in Beschlag nehmen. Der Mensch ist nur noch Sorge. Vor dieser ängstlichen Sorge will uns Jesus bewahren.

Er verwendet dabei zwei Bilder, an denen wir das Vertrauen lernen sollen. Das Bild der Vögel, die nicht säen und ernten, hat die Arbeit des Mannes im Blick. Und mit dem Bild der Feldblumen, die nicht spinnen, reagiert Jesus auf eine traditionelle Arbeit der Frauen. Er meint nicht, dass Männer und Frauen aufhören sollen zu arbeiten. Aber sie sollen es mit dem Vertrauen und der Leichtigkeit der Vögel tun, die ihrem himmlischen Schöpfer danken für die Gaben, die er ihnen schenkt.

Und sie sollen es mit dem Vertrauen der Pflanzen tun, die einfach heranwachsen. Gott lässt auch in uns etwas wachsen. Wir sollen uns nur für seinen Geist öffnen. Das, was in uns wächst, wird stärker sein als das ständige Sich-Sorgen. Die Angst, nicht genügend zu haben, mit unserer Arbeit unsere Existenz nicht sichern zu können, verfälscht unsere Arbeit.

Es geht nicht darum, nicht mehr zu arbeiten, sondern im Vertrauen zu arbeiten, dass Gott das Werk unserer Hände segnet. Und vor allem soll es uns um das Reich Gottes gehen. Wenn Gott im Mittelpunkt steht, dann bekommt auch unsere Arbeit ihr richtiges Maß, und wir werden sie mit der angemessenen Haltung vollziehen. Wir werden uns freuen am Werk unserer Hände, das Gott als Schöpfer nachahmen darf, aber wir sind frei von der ängstlichen Sorge, ob alles für unseren Lebensunterhalt und unsere vielfältigen Bedürfnisse reicht.

Mit Gelassenheit arbeiten, mit Gelassenheit für die finanzielle Zukunft der Familie sorgen, darum geht es Jesus. Und diese Gelassenheit ist eine Kraftquelle. Wer sich in seiner Arbeit verkrampft und ständig Angst hat, es nicht zu schaffen, der vergeudet viel Energie. Wenn wir mit der Leichtigkeit der Vögel und mit dem Vertrauen der Pflanzen arbeiten, dann wird etwas durch uns wachsen und zur Blüte kommen und zum Segen werden für uns und für die Menschen, für die wir arbeiten und sorgen.

Seht doch auf eure Berufung, Brüder! Da sind nicht viele Weise im irdischen Sinn, nicht viele Mächtige, nicht viele Vornehme, sondern das Törichte in der Welt hat Gott erwählt, um die Weisen zuschanden zu machen, und das Schwache in der Welt hat Gott erwählt, um das Starke zuschanden zu machen. Und das Niedrige in der Welt und das Verachtete hat Gott erwählt: das, was nichts ist, um das, was etwas ist, zu vernichten, damit kein Mensch sich rühmen kann vor Gott.

1 KORINTHER 1,26–29

Paulus lädt in diesen Versen die Gemeinde von Korinth ein, sich selbst einmal zu betrachten. Ihre Mitglieder sollen sich vor Augen führen, dass es unter ihnen wenig Gebildete, Einflussreiche und Leute aus angesehenen Familien gibt.

Paulus schließt die Reichen nicht aus der Gemeinde aus, doch die Realität ist, dass Gott gerade die Schwachen und Ungebildeten und die Leute aus einfachen Familien erwählt hat. Sie sind offener für die Botschaft Jesu als die Reichen, die schon alles haben und die gar nicht hungern nach inneren Gütern.

Gott hat das erwählt, was in den Augen der Welt nichts ist, nichts gilt, um das zu entmachten oder gar zu vernichten, was etwas ist, was sich etwas einbildet auf seinen Stand, auf seine Bedeutung, auf sein Ansehen in der Welt. Gott achtet darauf, dass sich niemand vor ihm rühme.

Auch wenn die Worte des Paulus hier zunächst einmal auf die soziologische Zusammensetzung der Gemeinde von Korinth abzielen, so haben sie doch für uns auch heute noch eine Bedeutung. Sie wollen uns ermutigen, alles Vergleichen mit bedeutenden und erfolgreichen Menschen aufzugeben.

Gott schaut nicht auf die Bekanntheit, auf den Reichtum, auf den Erfolg. Entscheidend ist, dass der Mensch dem Ruf Gottes folgt. Nicht was er in der Welt gilt, zählt, sondern dass er seine Sehnsucht auf Gott richtet. Und da ist gerade der Mangel, an dem wir leiden, oft eine Hilfe, dass wir uns wirklich auf Gott ausrichten und von Gott alles erwarten.

Diese Freiheit vom Rühmen und die Freiheit vom Sich-Vergleichen führt zur inneren Gelassenheit. Wir dürfen so sein, wie wir sind. Und wir lassen die anderen so, wie sie sind. Wir hören auf, uns mit anderen zu vergleichen. Wir sind dankbar, dass Gott uns berufen hat. Was er mit anderen Menschen tut, das ist Gottes Sache. Darum müssen wir uns nicht kümmern. Daher verachten wir niemanden, aber wir bewundern auch die in der Welt Angesehenen nicht. Wir schauen auf Gott. In ihm finden wir unseren Wert. Das befreit uns von aller Sorge, ob wir genügend

Erfolg haben oder gut genug sind im Urteil der Welt. Das Urteil der Welt geht uns nichts an. Wir öffnen uns in unserer Schwachheit für Gott. Und von ihm bekommen wir unseren Wert. So können wir gelassen unseren Weg gehen, ohne ständig zu überlegen, ob wir in den Augen der Welt gut genug sind.

Ich ließ meine Seele ruhig werden und still; wie ein kleines Kind bei der Mutter ist meine Seele still in mir.

PSALM 131,2

Das deutsche Wort »still« kommt von »stellen«. Und stellen bedeutet ursprünglich, jemanden zum Stehen bringen, stehen machen, aufstellen. Still ist also der, der stehen bleibt, der nicht vor sich selbst davonläuft, sondern stehend sich selbst aushält. Er hält inne, um im Innern Halt zu finden. Er bleibt stehen, um zu überlegen, wohin er eigentlich gehen möchte.

Doch wenn wir stehen bleiben und unsere Fluchtwege aufgeben, so steigt Hunger in uns auf. Und so bekommt »still« noch eine andere Bedeutung. Die Mutter stillt das Kind. Sie bringt das Kind zur Stille, indem sie seinen Hunger stillt. Nicht nur Worte können lärmen und Unruhe erzeugen, sondern auch der Hunger. Ja, gerade wenn wir stehen bleiben, wenn wir nach außen einmal nichts tun, taucht dieser innere Hunger auf. Da spüren wir eine innere Unruhe. Da brauchen wir die Mutter, die uns stillt.

Für uns Erwachsene bedeutet das: Wir brauchen etwas Mütterliches, das uns beruhigt. Wir brauchen Geborgenheit. Der Psalmist ist überzeugt, dass uns Gott diese mütterliche Geborgenheit schenkt. Daher können wir bei Gott Ruhe finden und unseren Hunger stillen.

In dem Psalmvers finden wir noch eine andere Erfahrung ausgedrückt. Wenn wir ganz still sind, kommen wir in Berührung mit dem gestillten Kind in uns. Da taucht die Urerfahrung in uns auf: Wir durften unseren Hunger bei unserer Mutter stillen. Jetzt sind wir ganz zufrieden. Wir können uns an ihre Brust anlehnen und fühlen uns geborgen. Dann ist es eine angenehme Stille.

Für manche ist Stille etwas Unheimliches. Sie geraten in Panik, wenn es um sie herum ganz still ist. Denn dann tauchen Gedanken auf, dass sie noch nie richtig gelebt oder an ihrer eigenen Wahrheit vorbeigelebt haben. Sie kommen nicht mit dem gestillten Kind in Berührung, sondern mit dem zu kurz gekommenen, mit dem übersehenen, vernachlässigten Kind in sich. Das meldet sich in der Stille zu Wort. Dann wäre es wichtig, dass wir selbst dieses ungestillte Kind in uns stillen, indem wir uns ihm liebevoll zuwenden.

Die Stille ist nur angenehm, wenn wir uns von Gott gestillt wissen. In der Stille tauchen Sehnsüchte auf, Sehnsüchte nach Geborgenheit, Liebe, Heimat. Es hilft nicht weiter, wenn wir uns dann nur zurücksehnen nach unserer Kindheit, in der wir bei der Mutter so geborgen waren. Es gilt, diese Sehnsucht jetzt auf Gott zu richten. Er kann uns jetzt in unserem Hunger stillen, er erfüllt unsere tiefste Sehnsucht. In Gott sind wir geborgen. Da dürfen wir sein wie ein Kind. Da müssen wir uns nicht beweisen oder etwas vorweisen. Wir dürfen einfach sein, mit unserem Hunger, mit unseren Bedürfnissen, mit unserer Empfindlichkeit. Wenn wir uns an Gott anlehnen, kommen wir bei ihm zur Ruhe.

Und er stellte ein Kind in ihre Mitte, nahm es in seine Arme und sagte zu ihnen: Wer ein solches Kind um meinetwillen aufnimmt, der nimmt mich auf; wer aber mich aufnimmt, der nimmt nicht nur mich auf, sondern den, der mich gesandt hat.

MARKUS 9,36f

Die Jünger streiten sich, wer von ihnen der Größte sei. Es geht ihnen darum, wer Jesus am nächsten steht und wer in seiner Gemeinschaft die wichtigste Rolle spielt. Es geht ihnen um ihren Einfluss, um ihre Anerkennung, um ihren Ruhm.

Jesus nimmt ein Kind und stellt es in die Mitte der Jünger. An ihm sollen sie lernen, worum es in ihrem Leben geht. Dann nimmt er das Kind in seine Arme. Er wendet sich ihm zu. Wer ein Kind so umarmt und aufnimmt, wie es Jesus hier tut, der nimmt Jesus selbst auf, und in Jesus nimmt er Gott selbst auf. Er lässt Gott selbst eintreten in sein Herz. Es geht also nicht um Größe, sondern darum, den Kleinen, den Unscheinbaren, den Unbedeutenden zu dienen und sie in die Gemeinschaft aufzunehmen. Dienen anstatt herrschen, darum geht es Jesus.

Aber für mich bedeutet dieses Wort Jesu noch etwas anderes. Wir sollen das Kind in uns annehmen und es umarmen. Das Kind in uns, das ist die innere Lebendigkeit und Ursprünglichkeit, die wir hatten, als wir klein waren. Als Kind richteten wir uns nicht nach den Erwartungen der anderen. Wir waren einfach da. Wir taten das, was unserem Innersten entsprang. Das Kind erinnert uns an das reine Sein. Wir sind einfach da, ohne uns beweisen oder etwas vorweisen zu müssen.

Aber es gibt in uns nicht nur das ursprüngliche Kind. Es gibt auch das verletzte Kind in uns. Das schreit immer auf, wenn es heute auf ähnliche Weise verletzt wird. Das verlassene Kind schreit auf, wenn es um Abschied geht. Da taucht die alte Angst wieder auf, von neuem verlassen zu werden. Das nicht genügende Kind meldet sich zu Wort, wenn wir eine Aufgabe zu erledigen haben und denken, dafür seien wir nicht gut genug.

Dann gilt es, das verletzte Kind in sich zu umarmen, so wie Jesus das Kind umarmt hat. Wer dieses verletzte, weinende und oft traurige Kind in sich umarmt, der nimmt Jesus selbst auf, und in Jesus nimmt er Gott auf. Das verletzte Kind führt ihn dann zum göttlichen Kind in seinem Innern.

Jeder hat auch ein göttliches Kind in sich. Es befindet sich auf dem Grund unserer Seele, in dem inneren Raum der Stille. Das göttliche Kind bringt uns auf Tuchfühlung mit unserem unverfälschten und unberührten Bild, das Gott sich von uns gemacht hat. Da leuchtet der ursprüngliche Glanz Gottes in uns auf.

Als Jesus das sah, wurde er unwillig und sagte zu ihnen: Lasst die Kinder zu mir kommen; hindert sie nicht daran! Denn Menschen wie ihnen gehört das Reich Gottes. Amen, das sage ich euch: Wer das Reich Gottes nicht so annimmt, wie ein Kind, der wird nicht hineinkommen. Und er nahm die Kinder in seine Arme; dann legte er ihnen die Hände auf und segnete sie.

MARKUS 10,14–16

Markus kennt zwei Szenen mit Kindern. In der ersten geht es darum, das Kreisen um die eigene Größe zu lassen und zu werden wie ein Kind, das innere Kind zu umarmen und auf diese Weise mit dem wahren Selbst in Berührung zu kommen. In dieser zweiten Szene wollen die Jünger mit Jesus allein sein. Die Kinder stören sie nur. Für sie ist es unwichtig, sich mit Kindern zu unterhalten. Doch Jesus wehrt sich dagegen. Er will die Kinder um sich haben, denn sie sind für ihn eine wichtige Belehrung für die Jünger. Die Jünger können nicht in das Reich Gottes hineinkommen, wenn sie nicht umkehren und wie die Kinder werden. So heißt es bei Matthäus 18,3.

Bei Markus heißt es: Es geht darum, das Reich Gottes anzunehmen wie ein Kind. Ein Kind hat noch ein Gespür für das Geschenk. Es kann noch staunen. Es ist offen für das Geheimnis. Es öffnet seine Augen und seine Hände und lässt sich beschenken.

Das Reich Gottes kann man nicht durch Leistung erwerben, es ist immer ein Geschenk. Die Jünger sollen die Kinder nicht belehren, sondern selbst von den Kindern lernen. Von ihnen können sie lernen, wie sie das Reich Gottes annehmen sollen. Reich Gottes meint: Gott herrscht in uns. In Erwachsenen herrschen oft andere Götter. Da herrscht die Gier oder die Ruhmsucht oder das Streben nach immer mehr Erfolg und Geltung bei den Menschen.

Wenn der Mensch voll ist von solchen inneren Herrschern, dann kann er nicht in das Reich Gottes gelangen. Gott kann dann nämlich gar nicht in ihm herrschen. Das Kind ist noch offen, es ist noch nicht besetzt von irgendwelchen Herrschern. Und zu dieser Offenheit kommt noch die Fähigkeit zu staunen, ein Gespür für das Wunderbare zu haben. Das Reich Gottes ist etwas Wunderbares. Es ist ein Geheimnis, dass Gott selbst zu den Menschen kommt, ja dass Gott im Menschen selbst wohnen und herrschen möchte.

Das Kind ist noch offen für die Frohe Botschaft. Die Erwachsenen meinen, sie würden schon alles wissen. Sie zweifeln an den Worten Jesu. Der kann ihnen auch nichts Neues sagen. Ihr Verstand kennt sich aus, sie legen die Welt fest mit ihren eigenen Gedanken. Neue Gedanken, die Gedanken Gottes haben keine Chance, in sie einzudringen.

Das Kind stellt viele Fragen. Es möchte das Geheimnis des Menschen und das Geheimnis Gottes erkennen. Nur wer so voller Fragen ist wie das Kind, und wer wie das Kind noch staunen kann, ein Gespür für das Wunderbare hat, nur der ist offen für das Reich Gottes, nur der kommt in das Reich Gottes hinein.

Die Formulierung »das Reich Gottes wie ein Kind aufnehmen« ist sowohl im Deutschen als auch im Griechischen doppeldeutig. Das Kind kann Subjekt sein. Wir sollen vom Kind lernen, das Reich Gottes aufzunehmen. Das Kind kann aber auch Objekt sein. Dann sollen wir das Reich Gottes so aufnehmen, wie wenn wir ein Kind aufnehmen. Das macht Jesus den Jüngern vor, indem er die Kinder in seine Arme nimmt, ihnen die Hände auflegt und sie segnet. Wir sollen das Reich Gottes umarmen wie etwas Kostbares und Zärtliches und wir sollen es segnen, gute Worte darüber sprechen. Wir sollen sein Geheimnis mit Worten beschreiben: Gott will in uns herrschen. Und wenn er in uns herrscht, dann sind wir frei, dann sind wir so ursprünglich und authentisch wie ein Kind. Dann sind wir ganz wir selbst, ohne Druck, die Erwartungen der anderen zu erfüllen.

Du aber geh in deine Kammer, wenn du betest, und schließ die Tür zu; dann bete zu deinem Vater, der im Verborgenen ist. Dein Vater, der auch das Verborgene sieht, wird es dir vergelten.

MATTHÄUS 6,6

B

Manche beten bewusst nur deswegen in der Öffentlichkeit, um von allen dabei gesehen zu werden. Jesus nennt die, die ihr Gebet dergestalt öffentlich zur Schau tragen, Heuchler. Seine Jünger sollen in die Vorratskammer gehen, die man abschließen kann und in der man vor den Augen der Leute verborgen ist, um zu beten. Und sie sollen nicht viele Worte machen, sondern zum Vater beten. Es ist ein persönliches Beten zu Gott.

Jesus sagt: »Bete zu deinem Vater!« Nimm Beziehung auf zu deinem Vater. Nicht die Worte sind wichtig, sondern die Begegnung mit ihm. Er ist dein Vater, der dich persönlich meint. Beten ist also eine persönliche Begegnung und ein Zwiegespräch mit unserem Vater, der uns persönlich kennt und liebt. Dieser Vater ist im Verborgenen, und dieser Vater sieht auch im Verborgenen. Er vermag auch im Dunkeln zu sehen und das zu schauen, was wir vor ihm und vor uns selbst und vor der Welt verborgen haben. Für ihn ist nichts verborgen.

Das Verborgene ist auch das Geheime, das vor allen anderen Menschen geschützt ist. Es ist nicht nur die Vorratskammer, die verschlossen ist und zu der daher niemand Zutritt hat. Es ist zugleich ein Bild für den inneren Ort auf dem Grund der Seele, zu dem die Menschen von außen keinen Zutritt haben, zu dem auch der Lärm der Welt keinen Zutritt hat, die vielen Stimmen, die uns von außen beeinflussen möchten. Es ist der innere Raum der Stille.

Gott selbst sieht nicht nur diesen inneren Raum der Stille, er wohnt auch in ihm. Und so ist Gebet ein Eintauchen in den inneren Raum der Stille, in dem wir Gott begegnen. Je tiefer wir in unsere Seele eintauchen, desto deutlicher begegnen wir dem Gott, der auf dem Grund unserer Seele wohnt. Es ist ein geheimer Raum, ein Raum, in dem das Geheimnis wohnt, das Geheimnis Gottes und das Geheimnis unserer eigenen Person. Dort entdecken wir auch, wer wir selbst sind. Wir sind nicht nur die Rolle, die wir spielen, wir sind ein einmaliges Bild, das Gott sich nur von uns gemacht hat. Jeder von uns ist eine Person, die Gott persönlich meint, die Gott beim Namen gerufen hat.

Beten heißt nicht nur Zwiesprache halten mit Gott, sondern einfach auch mit ihm zusammen wohnen im verborgenen Ort, im Zufluchtsort auf dem Grund unserer Seele. Dort sind wir geschützt vor den verletzenden Worten der Menschen, vor ihren Kommentaren zu uns und unserem Verhalten, vor ihren Erwartungen und Ansprüchen.

Und in diesem Zufluchtsort fühlen wir uns daheim. Im Verborgenen fühlen wir uns geborgen. Es ist ein schützender Ort, ein *refugium*, wie die Lateiner sagen.

Die Psychologie rät uns heute, einen Zufluchtsort aufzusuchen, wenn uns negative Gedanken oder traumatische Erinnerungen einholen. Man soll sich einen Ort aussuchen, an dem man sich wohlfühlt und sich geschützt weiß. Oft wird empfohlen, sich an einen Ort zu versetzen, an dem man sich im Urlaub geborgen gefühlt hat.

Das Gebet führt uns in einen inneren Zufluchtsort. Jeder von uns hat so einen Zufluchtsort in sich. Wir brauchen uns nicht etwas Äußeres auszumalen, auf dem Grund unserer Seele ist dieser Zufluchtsort. Im Gebet ziehen wir uns an diesen geschützten Ort zurück und fühlen uns geborgen.

Dort, wo im Geheimen das Geheimnis Gottes wohnt, können wir bei uns selbst daheim sein und in uns Heimat finden. So ist Gebet nicht etwas, was wir vor anderen zeigen müssten, um uns als fromm darzustellen. Gebet ist vielmehr eine Wohltat für uns. Wir tauchen ein in den inneren Zufluchtsort, der verborgen ist vor den Menschen. Aber in diesem verborgenen Ort begegnen wir dem verborgenen Gott. Mit diesem Gott geben wir nicht an. Aber mitten in den Turbulenzen des Lebens dürfen wir im Gebet diesen geschützten Ort in uns entdecken, und wir wissen Gott in uns als den, der uns schützt vor den Angriffen von Menschen, die uns feindlich gesinnt sind.

4

»ER WIRD ALLE TRÄNEN
VON IHREN AUGEN ABWISCHEN«

Kraft finden in dunklen Zeiten

Mein Gott, mein Gott, warum hast du mich verlassen, bist fern meinem Schreien, den Worten meiner Klage? Mein Gott, ich rufe bei Tag, doch du gibst keine Antwort; ich rufe bei Nacht und finde doch keine Ruhe. Aber du bist heilig, du thronst über dem Lobpreis Israels. Dir haben unsre Väter vertraut, sie haben vertraut und du hast sie gerettet. Zu dir riefen sie und wurden befreit, dir vertrauten sie und wurden nicht zuschanden. Ich aber bin ein Wurm und kein Mensch, der Leute Spott, vom Volk verachtet ... Viele Stiere umgeben mich, Büffel von Baschan umringen mich. Sie sperren gegen mich ihren Rachen auf, reißende, brüllende Löwen ... Rette mich vor dem Rachen des Löwen, vor den Hörnern der Büffel rette mich Armen! Ich will deinen Namen meinen Brüdern verkünden, inmitten der Gemeinde dich preisen. Die ihr den Herrn fürchtet, preist ihn, ihr alle vom Stamm Jakobs, rühmt ihn; erschauert alle vor ihm, ihr Nachkommen Israels! Denn er hat nicht verachtet, nicht verabscheut das Elend des Armen. Er verbirgt sein Gesicht nicht vor ihm; er hat auf sein Schreien gehört.

PSALM 22,2–7.13f.22–25

Bei Matthäus und Markus ist der Anfang von Psalm 22 das letzte Wort Jesu. Er stirbt mit dem Schrei: »Mein Gott, mein Gott, warum hast du mich verlassen?« (Mt 27,46; Mk

15,34) Manche Theologen haben daraus eine eigene Lehre der Verlassenheit Jesu entwickelt. Doch wir dürfen nicht vergessen, dass er den ganzen Psalm am Kreuz gebetet hat. So führt Matthäus dieses Wort Jesu ein, dass klar wird: Er betet am Kreuz laut den ganzen Psalm.

Der Psalm beginnt mit der Klage über die Verlassenheit. Jesus richtet seine Klage an Gott. Er fragt Gott, warum er ihn verlassen habe. Jesus erfährt sich am Kreuz von den Jüngern verlassen, und er fühlt sich auch von Gott verlassen. Aber indem er zu Gott, seinem Vater, betet, wird diese seine Empfindung schon verwandelt. Und das zeigen die folgenden Verse. In den ersten zweien drückt Jesus diese Verlassenheit aus, keiner hilft ihm, er schreit, doch er findet keine Ruhe. Aber die nächsten drei Verse beziehen sich auf die Erfahrung der Väter. Und die haben auf Gott vertraut, und er hat sie gerettet. Sie schrien und wurden befreit. So schreit Jesus auch in der Hoffnung, befreit und gerettet zu werden.

Nach diesem Ausdruck des Vertrauens schildert dann Jesus seine ganze Not: »Ich bin ein Wurm, kein Mensch.« Stiere umringen ihn, brüllende Löwen sperren ihren Rachen gegen ihn auf. Aber nach all der Darlegung der Not kann Jesus sagen: »Du hast mich erhört. Ich will deinen Namen meinen Brüdern verkünden, dich preisen inmitten der Gemeinde.« Der Psalm endet im Vertrauen und Lobpreis auf Gott. Wir müssen daher die Verlassenheit Jesu zusammen sehen mit seinem Vertrauen, mit dem er sich an

Gott wendet und das schließlich über die Verlassenheit und Angst siegt. Nur dann verstehen wir seine Verlassenheit so, wie Matthäus sie gesehen hat. Es ist keine Verlassenheit, in die kein Licht mehr dringt, sondern eine Verlassenheit, die vom Vertrauen auf Gottes Hilfe relativiert wird.

Die Angst vor Verlassenheit bewegt heute viele Menschen. Sie haben Angst, von einem verlassen zu werden, den sie lieben. In ihnen ist oft ein verlassenes Kind, das aufschreit, wenn die Angst in ihm hochsteigt, genauso verlassen zu werden wie damals, als es noch klein war. Andere Menschen fühlen sich verlassen. Sie haben keinen, dem sie vertrauen können. Die Menschen, denen sie sich nahe fühlten und mit denen sie sich verstanden haben, sind entweder gestorben oder sie haben sich zurückgezogen. Manchmal verlassen wir uns selbst. Wir sind nicht bei uns. Weil wir uns von anderen und von Gott verlassen fühlen, verlassen wir uns selbst. Wir haben keine Lust, bei uns zu bleiben, denn wir fühlen nur den Schmerz über die Verlassenheit.

Da kann uns das Gebet Jesu helfen, uns mitten in dieser Emotion von Gott getragen zu fühlen. Wir überspringen unsere Verlassenheit nicht. Wir nehmen sie wahr, halten sie Gott hin. Und mit unserer Verlassenheit fühlen wir uns dennoch von ihm getragen. Wenn er uns nicht verlässt, dann können wir es auch bei uns aushalten, dann werden wir uns auch nicht selbst verlassen. Auf Gottes bergende Nähe ist Verlass.

Herr, ich suche Zuflucht bei dir. Lass mich doch niemals scheitern; rette mich in deiner Gerechtigkeit! Wende dein Ohr mir zu, erlöse mich bald! Sei mir ein schützender Fels, eine feste Burg, die mich rettet. Denn du bist mein Fels und meine Burg; um deines Namens willen wirst du mich führen und leiten. Du wirst mich befreien aus dem Netz, das sie mir heimlich legten; denn du bist meine Zuflucht. In deine Hände lege ich voll Vertrauen meinen Geist; du hast mich erlöst, Herr, du treuer Gott.

PSALM 31,2–6

Psalm 31 wurde im Judentum als beispielhaft fürs Abendgebet angeführt. Der Evangelist Lukas erzählt den Tod Jesu so, dass er diesen Psalm am Kreuz betet (vgl. Lk 23,46). Dieser Psalm beschreibt durchaus auch die Not des Kreuzes. Er spricht vom Kummer, der das Leben verzehrt, vom Zischeln der Menge und vom Grauen. Aber er ist noch mehr als Psalm 22 vom Vertrauen auf Gott geprägt.

Und Lukas nimmt nur den einen Vers heraus: »In deine Hände befehle ich meinen Geist.« (Ps 31,6) Doch er fügt noch ein Wort hinzu: »Vater«. Im Aramäischen heißt das: *Abba*, »lieber Vater«. Es ist ein zärtliches Wort. Mit diesem Wort deutet Lukas das Sterben Jesu als sich in Gottes Hände fallen lassen. Mit diesem Wort verwandelt Jesus auch unseren Tod. Wir fallen im Tod nicht in das Dunkel hinein, sondern in Gottes mütterliche und väterliche Arme, die uns auffangen und in denen wir uns geborgen fühlen.

Psalm 31 ist ein Vertrauenspsalm mitten in den Anfechtungen des Lebens. Der Beter bringt seine Not vor Gott zum Ausdruck. Aber diese Not und die Klage über sie mündet immer wieder in das Vertrauen. So lädt uns der Psalm ein, auch unsere Nöte und Bedrängnisse nicht zu überspringen, sondern sie Gott hinzuhalten. Dabei dürfen wir vor ihm durchaus klagen und jammern, dass so vieles uns bedrängt. Aber entscheidend ist, dass wir unsere Not Gott hinhalten. Dann kann seine Liebe in unsere Zerrissenheit, in unsere Angst, in unsere Bedrängnis, in unsere Traurigkeit hineinströmen und sie verwandeln. Und wir können uns in all unserer Not in Gottes gute Hände fallen lassen. Wir fallen nicht ins Bodenlose, sondern in Gottes bergende Hände.

Herr, ich suche Zuflucht bei dir. Lass mich doch niemals scheitern! ... Verwirf mich nicht, wenn ich alt bin, verlass mich nicht, wenn meine Kräfte schwinden. Denn meine Feinde reden schlecht von mir, die auf mich lauern, beraten gemeinsam; sie sagen: »Gott hat ihn verlassen. Verfolgt und ergreift ihn! Für ihn gibt es keinen Retter.« Gott, bleib doch nicht fern von mir! Mein Gott, eil mir zu Hilfe! ... Auch wenn ich alt und grau bin, o Gott, verlass mich nicht, damit ich von deinem machtvollen Arm der Nachwelt künde, den kommenden Geschlechtern von deiner Stärke und von deiner Gerechtigkeit, Gott, die größer ist als alles. Du hast Großes vollbracht. Mein Gott, wer ist wie du?

PSALM 71,1.9–12.18f

B

Psalm 71 ist das Gebet eines alten Menschen. Er schaut zurück und lobt Gott für all das, was er ihm in seinem Leben geschenkt hat. Aber dann schaut er auch auf seine jetzige Situation. Als er noch Kraft hatte, konnte er sich selbst wehren gegen Menschen, die ihm feindlich gesinnt waren, oder auch gegen seine eigenen Schwächen.

Doch jetzt schwinden seine Kräfte. Jetzt ist er angewiesen auf Gottes Hilfe. Er hört die anderen reden: »Der hat ja keine Kraft mehr. Mit dem geht es bergab. Es gibt für ihn keine Rettung.« Angesichts solch negativer Reden über ihn nimmt er Zuflucht bei Gott. Wenn er ihm zu Hilfe eilt, dann kann er auch sein Alter bestehen. Und so bittet er Gott, dass er ihn auch jetzt nicht verlassen möge. Wenn er ihm beisteht, dann wird sein Alter auch zum Lobpreis Gottes. Bis zuletzt kann er dann vor den Menschen verkünden: Es lohnt sich, seine Hoffnung auf Gott zu setzen. Er schützt uns auch im Alter. Er ist auch im Alter unsere Zuflucht, unser Trost und unsere Hilfe.

So ist dieser Psalm gerade für alte Menschen ein Trostpsalm. Der alte Mensch kann in diesen Worten seine Angst vor dem Älterwerden und nicht mehr Gebrauchtwerden ausdrücken. Aber mitten im Beten verwandelt sich dann seine Angst. Er spürt, dass er im Alter noch eine wichtige Aufgabe hat: Wenn er sein Leben bis zuletzt im Vertrauen auf Gottes Hilfe lebt, dann hat er den Menschen eine wichtige Botschaft zu verkünden. Gott hat Großes an ihm getan, es lohnt sich, an Gott festzuhalten bis zuletzt. Dann werden wir auch im Alter ein Segen für die Menschen um uns herum. Wir können ihnen verkünden, was Gott Großes an uns getan hat.

Bedenkt die gegenwärtige Zeit: Die Stunde ist gekommen, aufzustehen vom Schlaf. Denn jetzt ist das Heil uns näher als zu der Zeit, da wir gläubig wurden. Die Nacht ist vorgerückt, der Tag ist nahe. Darum lasst uns ablegen die Werke der Finsternis und anlegen die Waffen des Lichts.

RÖMER 13,11f

In der griechischen Philosophie wurde der Zustand des Menschen als Schlaf beschrieben. Der Mensch hat sich eingelullt mit irgendwelchen Illusionen und taumelt gleichsam in einem Schlafzustand vor sich hin. Aber er lebt nicht richtig. Christus ist von den Toten auferstanden. Er mahnt uns, vom Schlaf aufzustehen und mit ihm wirklich zu leben.

Paulus spricht hier von *kairos*, von der angenehmen Zeit, vom Augenblick, in dem wir leben sollen. Jetzt in diesem Augenblick ist das Heil, die Rettung, die Erlösung uns nahe. Wenn wir ganz im Augenblick leben, dann begegnen wir Jesus Christus als dem, der uns befreit aus der Nacht des Schlafs und aus der Nacht der Finsternis. Mit ihm ist der Tag angebrochen. Daher sollen wir die Werke der Finsternis ablegen und die Waffen des Lichts anlegen. Die Waffen des Lichts bestehen in einem ehrenhaften Leben. Alles in uns darf auch von den Menschen gesehen werden. Die Werke der Finsternis muss man vor anderen verstecken. Paulus rechnet damit, dass wir immer wieder in den Schlafzustand zurückfallen. Daher mahnt er uns, mit Christus aufzustehen vom Schlaf, bewusst zu leben, im Augenblick zu leben. Dann begegnen wir Christus als unserem wahren Heil, als dem, der unser Leben erst richtig zum Leben macht, der uns in das einmalige Bild verwandelt, das er sich von jedem von uns entworfen hat.

Es ist immer die Gelegenheit, aufzustehen. Immer wieder überfallen uns dunkle Stimmungen. Es wird Nacht in uns. Die Hoffnung schwindet. Wir kreisen um finstere Gedanken. Wir können nicht alles aufarbeiten, was in uns auftaucht. Manchmal genügt es einfach, aufzustehen und den Schlaf und die dunklen Gedanken abzuschütteln, aufzustehen, in der Hoffnung, dass uns dann, wenn wir aufrecht durch unser Leben gehen, auch das Licht der Auferstehung entgegenleuchtet und unseren Weg erhellt.

Eine Generation geht, eine andere kommt. Die Erde steht in Ewigkeit ... Alle Dinge sind rastlos tätig, kein Mensch kann alles ausdrücken, nie wird ein Auge satt, wenn es beobachtet, nie wird ein Ohr vom Hören voll. Was geschehen ist, wird wieder geschehen, was man getan hat, wird man wieder tun: Es gibt nichts Neues unter der Sonne.

KOHELET 1,4.8f

Kohelet war ein Lehrer, der die Weisheit der griechischen Philosophie mit der Israels verband. Er sieht die Welt mit nüchternen Augen. Er kritisiert die Illusionen, die manche religiösen Lehrer verbreitet haben.

Es gilt, angesichts der ernüchternden Realität dieser Welt so zu leben, dass man dennoch glücklich sein kann, und so zu leben, wie es dem Willen Gottes wirklich entspricht. Dazu aber ist es notwendig, dass man die Wirklichkeit nicht mit einer rosaroten Brille anschaut.

In diesen Versen beschreibt Kohelet das Schicksal des Menschen. Eine Generation geht, eine andere kommt. So soll der Mensch sich nicht so wichtig nehmen. Wenn er stirbt, gestaltet eine andere Generation diese Welt. Und von ihm wird man nicht mehr viel reden. Er wird vergessen. Vielleicht erinnern sich manche noch an ihn und an seine Worte. Doch alles, was er geschaffen hat, vergeht. Diese Einsicht lässt uns bescheiden leben. Wir graben unsere Lebensspur in diese Welt ein, aber wir wissen, dass nach uns andere diese Spur übersehen oder mit ihren Spuren überdecken. Es genügt, jetzt in diesem Leben eine gute Spur einzugraben. Was mit dieser Spur nach unserem Tod geschieht, das sollen wir der Zukunft, das sollen wir Gott überlassen.

Noch etwas anderes relativiert das menschliche Leben: Der Mensch wird nie satt in seiner Sehnsucht. Er kann noch soviel Schönes sehen. Das Auge wird nicht satt. Das Ohr wird nicht voll vom Hören. Immer wieder müssen wir unsere Augen öffnen für das, was sich uns darbietet.

Aber wir können nichts festhalten. Wir können im Strom des Lebens nur wahrnehmen, was ist. Das Hören eines guten Wortes kann uns sättigen, aber nur für eine kurze Zeit. Dann sehnen wir uns danach, wieder ermutigende und nährende Worte zu hören. Doch kein Wort können wir festhalten. Alles wird vergehen, und es wird wieder von neuem geschehen. »Es gibt nichts Neues unter der Sonne.« (Koh 1,9)

Kohelet will den Menschen mit diesen Gedanken einladen, bescheiden sein Leben zu leben. Er lebt jetzt im Augenblick. Aber was er tut, wird nicht in Ewigkeit bleiben. Es wird vergehen. Angesichts der eigenen Vergänglichkeit kommt es darauf an, so zu leben, wie es unserem Wesen entspricht, unser Leben so gut zu leben, wie es möglich ist, und zugleich um die Relativität unseres Lebens zu wissen. Das macht demütig und weise.

Denn jeder Mensch unterliegt dem Geschick, und auch die Tiere unterliegen dem Geschick. Sie haben ein und dasselbe Geschick. Wie diese sterben, so sterben jene. Beide haben ein und denselben Atem. Einen Vorteil des Menschen gegenüber dem Tier gibt es da nicht. Beide sind Windhauch. Beide gehen an ein und denselben Ort. Beide sind aus Staub entstanden, beide kehren zum Staub zurück.

KOHELET 3,19f

Kohelet vergleicht das Schicksal des Menschen mit dem der Tiere, was in der griechischen Popularphilosophie sehr beliebt war. Offensichtlich ist er davon beeinflusst. Er beschreibt das Leben des Menschen, so wie es sich hier auf Erden darstellt. Über ein Leben nach dem Tod sagt er nichts aus.

Als Christen sehen wir über den Tod hinaus, aber dennoch sollen wir von Kohelet übernehmen, dass unser irdisches Leben endlich ist. Im Tod kommt es zu Ende. Das müssen wir akzeptieren. Erst wenn wir das ernstnehmen, können wir die christliche Hoffnung auf das ewige Leben bei Gott richtig verstehen.

Der Atem des Menschen ist dem Atem der Tiere gleich. Er hört im Tod einfach auf. Und beide kehren zur Erde zurück. Beide sind Staub und werden wieder zu Staub. Daran erinnert auch uns Christen der Ritus des Aschenkreuzes am Aschermittwoch. Der Priester streut uns Asche auf das Haupt und sagt dazu: »Bedenke, Mensch, dass du Staub bist und wieder zum Staub zurückkehren wirst.«

Der Atem ist Windhauch. Er vergeht. Kohelet erinnert uns daran, dass wir an den Tod denken sollen. Der Gedanke an den Tod will uns einladen, intensiv in dieser Zeit zu leben. Die Endlichkeit des Lebens macht den einzelnen Augenblick wertvoll. Gelingen wird unser Leben nur, wenn wir Ja sagen zu diesem einen Augenblick, den wir ganz bewusst und intensiv leben dürfen.

Keiner weiß, wie lange er lebt. Aber solange wir leben, sollen wir bewusst leben. Für Kohelet besteht das eigentliche Glück darin, dass der Mensch durch sein Tun Freude gewinnt (Koh 3,22). Indem wir uns ganz auf das Tun einlassen, empfinden wir Freude. Kohelet ruft uns also zu einem bewussten und achtsamen Leben auf, das im Tun ins Fließen kommt und so uns Glück erfahren lässt. Diese Botschaft gilt auch für uns Christen, die wir an die Auferstehung glauben. Wir sollen jetzt bewusst leben und zugleich darauf hoffen, dass im Tod Gott unsere tiefste Sehnsucht erfüllen wird.

Herr, du warst unsere Zuflucht von Geschlecht zu Geschlecht. Ehe die Berge geboren wurden, die Erde entstand und das Weltall, bist du, o Gott, von Ewigkeit zu Ewigkeit. Du lässt die Menschen zurückkehren zum Staub und sprichst: »Kommt wieder, ihr Menschen!« Denn tausend Jahre sind für dich wie der Tag, der gestern vergangen ist, wie eine Wache in der Nacht. Von Jahr zu Jahr säst du die Menschen aus; sie gleichen dem sprossenden Gras. Am Morgen grünt es und blüht, am Abend wird es geschnitten und welkt.

PSALM 90,1–6

In diesem Psalm bedenkt der Mensch sein Schicksal. Sein Leben ist endlich: »Siebzig Jahre währt die Zeit unsres Lebens, sind wir bei Kräften, werden es achtzig.« (Ps 90,10) Gott dagegen ist unendlich. Für ihn sind tausend Jahre wie ein Tag. Bei ihm gibt es keine Zeit. Doch unsere Zeit ist so begrenzt. Unsere Jahre werden weggeschwemmt wie ein Schlaf. Sie gehen einfach vorbei, sie sind nicht mehr.

Der Psalmist vergleicht unsere Lebenszeit mit dem Schlaf und mit dem Gras, das am Morgen grünt und am Abend schon verdorrt. So kurz ist unser Leben, das sollen wir bedenken. Wenn wir unsere Tage zählen, uns der Kürze unserer Tage bewusst sind, »dann erlangen wir ein weises

Herz« (Ps 90,12). Zur Weisheit des Menschen gehört es, um seine Endlichkeit zu wissen. Doch jeder Mensch ist zugleich versucht, an seinem Leben festzuhalten, so zu tun, als ob er immer lebt und immer etwas Wichtiges in der Welt tun kann. Er tut so, als ob er für immer in dem Haus wohnen kann, das er für sich gebaut hat. Doch alles ist endlich. Alles geht vorbei. Alles verdorrt wie das Gras.

Im Psalm 103 wird dieses Bild vom Gras nochmals aufgegriffen. Der Mensch ist wie Gras oder wie eine Blume, die aufblüht. Doch »fährt der Wind darüber, ist sie dahin, selbst der Ort, wo sie stand, hat sie vergessen« (Ps 103,15f).

Dieses Bild verstärkt nochmals die Endlichkeit des Menschen. Nicht einmal der Ort, an dem wir gelebt haben, erinnert sich an uns. Die Welt vergisst uns, die Menschen vergessen uns. Wir sind einfach vergangen. Also sollten wir uns nicht darum sorgen, möglichst wichtig in dieser Welt zu sein. Weiser ist es, um die Relativität seines Lebens zu wissen und es achtsam zu leben, es so zu leben, wie es Gottes Willen entspricht. Es geht darum, dass wir mit unserem kurzen Leben eine Spur in diese Welt eingraben, die sie zumindest für die Zeit, in der wir leben, menschlicher und freundlicher macht, so wie eine blühende Blume die Menschen erfreut, die sie betrachten.

Sie kamen nach Jericho. Als er mit seinen Jüngern und einer großen Menschenmenge Jericho wieder verließ, saß an der Straße ein blinder Bettler, Bartimäus, der Sohn des Timäus. Sobald er hörte, dass es Jesus von Nazaret war, rief er laut: Sohn Davids, Jesus, hab Erbarmen mit mir! Viele wurden ärgerlich und befahlen ihm zu schweigen. Er aber schrie noch viel lauter: Sohn Davids, hab Erbarmen mit mir! Jesus blieb stehen und sagte: Ruft ihn her! Sie riefen den Blinden und sagten zu ihm: Hab nur Mut, steh auf, er ruft dich. Da warf er seinen Mantel weg, sprang auf und lief auf Jesus zu. Und Jesus fragte ihn: Was soll ich dir tun? Der Blinde antwortete: Rabbuni, ich möchte wieder sehen können. Da sagte Jesus zu ihm: Geh! Dein Glaube hat dir geholfen. Im gleichen Augenblick konnte er wieder sehen, und er folgte Jesus auf seinem Weg.

MARKUS 10,46–52

Wenn wir krank sind, dann geht es uns wie dem blinden Bettler Bartimäus. Er schreit laut hinter Jesus her: »Jesus, hab Erbarmen mit mir!« Wir alle möchten, dass uns jemand hilft in unserer Krankheit. Wir möchten die Schmerzen loswerden, wir möchten die Krankheit loswerden. Wir möchten wieder so sein, wie wir vor der Krankheit waren.

Jesus hört die Not des Blinden und lässt ihn zu sich kommen. Bartimäus wirft seinen Mantel weg und läuft auf ihn zu. Man könnte sagen: Er lässt seine Maske fallen. Er lässt seine Rolle als Kranker und als Bettler los. Jetzt begegnet er Jesus von Angesicht zu Angesicht. Da kann er sich nicht mehr verstecken hinter äußeren Rollen. Und Jesus fragt ihn: »Was willst du, dass ich dir tun soll?« Er weiß, dass jeder Kranke irgendwie wieder gesund werden will, aber er fragt genau nach: »Was willst du eigentlich?«

Wenn Jesus uns diese Frage in unserer Krankheit stellt, dann gilt es, erst einmal innezuhalten und genau zu überlegen: Ja, was will ich wirklich? Will ich nur, dass die Schmerzen weggehen? Oder ist meine Krankheit eine Einladung, zum Wesentlichen vorzustoßen? Was soll Jesus an mir tun? Soll er nur meine körperliche Krankheit wegnehmen oder soll er mich als Mensch verwandeln? Soll er mich zu meinem wahren Selbst führen? Soll er mir zeigen, wie ich leben soll, worauf es eigentlich ankommt? Was will mir Jesus anhand meiner Krankheit zeigen? Steckt in meiner Krankheit schon eine Botschaft, die ich befolgen sollte? Dann sollte ich Jesus sagen, was ich in meiner Krankheit erkannt habe, was sich in meinem Leben wandeln sollte.

Bartimäus antwortet auf die Frage Jesu: »Rabbuni, ich möchte wieder sehen können.« Im Griechischen steht hier das Wort *anaplepo*. Es heißt eigentlich: aufsehen, aufblicken, zum Himmel schauen. Der Blinde möchte nicht einfach wieder das Sehvermögen erlangen. Er möchte aufblicken können, möchte voller Hoffnung zum Himmel schauen können, möchte zu Gott aufblicken. Sein Leben soll eine neue Qualität bekommen. Er möchte richtig sehen können, das heißt: er möchte in allem den Himmel mit sehen. Er möchte im Menschen den Himmel schauen, den göttlichen Kern in ihm erblicken. Und er möchte in der Schönheit der Natur die Schönheit Gottes schauen und betrachten.

Jesus antwortet ihm: »Geh! Dein Glaube hat dich gerettet, hat dich gesund gemacht.« Im Wort des Bartimäus entdeckt Jesus den Glauben. Er ist nicht einfach wie jeder Kranke nur darauf fixiert, seine Schmerzen oder unangenehmen Symptome loszuwerden, er möchte zum Himmel aufblicken. Der Glaube, dass Jesus ihm seine tiefste Sehnsucht zu erfüllen vermag, hat ihn gesund gemacht. Jetzt blickt er wirklich auf. Und er folgt Jesus auf seinem Weg nach.

Bartimäus ist für Markus der einzige Jünger, der wirklich zu sehen vermag. Die übrigen Jünger, die Jesus auf seinem Weg begleiten, sind immer noch blind. Sie blicken immer noch nicht durch. So wird Bartimäus zum Bild des wahren Jüngers, der versteht, wer Jesus ist, der tiefer sieht, der das Geheimnis Jesu erkennt und ihm nachfolgt bis zu seinem Leiden und zu seinem Tod am Kreuz.

Bartimäus lädt uns ein, mit ihm das Schicksal Jesu in seiner Passion und in seinem Kreuz mit den Augen des Glaubens anzuschauen. Dann werden wir auch in diesem Jesus am Kreuz schon den Himmel schauen. Dann werden wir erkennen, dass in diesem Tod Jesu die Liebe Gottes zur Vollendung kommt, dass diese Liebe auch alles, was uns im Leben durchkreuzt, zu verwandeln vermag.

In Jerusalem gibt es beim Schaftor einen Teich, zu dem fünf Säulenhallen gehören; dieser Teich heißt auf Hebräisch Betesda. Dort lag auch ein Mann, der schon achtunddreißig Jahre krank war. Als Jesus ihn dort liegen sah und erkannte, dass er schon lange krank war, fragte er ihn: Willst du gesund werden? Der Kranke antwortete ihm: Herr, ich habe keinen Menschen, der mich, sobald das Wasser aufwallt, in den Teich trägt. Während ich mich hinschleppe, steigt schon ein anderer vor mir hinein. Da sagte Jesus zu ihm: Steh auf, nimm deine Bahre und geh! Sofort wurde der Mann gesund, nahm seine Bahre und ging. Dieser Tag war aber ein Sabbat.

JOHANNES 5,2–9

Unter den vielen Menschen, die da krank am Teich Betesda herumliegen, ist ein Mann, der schon seit 38 Jahren krank ist. Die Zahl 38 bezieht sich auf die Jahre, die das Volk Israel nach seiner Rebellion gegen Gott in der Wüste herumwandern musste, bis alle waffenfähigen Männer gestorben waren (vgl. Dtn 2,14). Es ist also ein Mann, der keine Waffen mehr hat, der sich nicht abgrenzen kann, der alle Probleme der anderen auf sich bezieht und in sich hineinnimmt.

An welcher Krankheit er leidet, sagt Johannes nicht. Das ist auch nicht so wichtig. Jesus wendet sich diesem Menschen zu und heilt ihn in vier Schritten:

Der erste Schritt: Er sieht ihn an und schenkt ihm so Ansehen. Der zweite Schritt: Jesus erkennt, dass er schon lange krank ist. Er versteht ihn, er fühlt sich in ihn hinein. Der dritte Schritt: Jesus fragt: »Willst du gesund werden?« Der Mann, der sich nicht abgrenzen kann, hat auch verlernt, für sich und seine Gesundheit zu kämpfen. Jesus will ihn mit seinem Willen in Berührung bringen. Man kann nicht gesund werden, ohne dass man es selbst will. Doch auf diese Frage antwortet der Kranke nur jammernd. Er schwimmt in seinem Selbstmitleid. Niemand ist bereit, ihm zu helfen, alle anderen haben es besser als er, er ist zu kurz gekommen, und er kommt immer zu spät. Das Schicksal hat es nicht gut mit ihm gemeint. Der vierte Schritt: Auf dieses Selbstmitleid antwortet Jesus nicht mitleidsvoll, sondern konfrontierend: »Steh auf, nimm deine Bahre und geh!« Der Kranke soll nicht jammern, sondern einfach mitten aus seiner Krankheit und Schwäche heraus aufstehen.

Das Wort Jesu weckt in dem Kranken Kraft. Er steht auf, nimmt sein Bett und geht umher. Das Bett, als Zeichen seiner Krankheit, seiner Schwäche und Hemmung, nimmt er unter den Arm und geht mit ihm umher. Er lässt sich nicht mehr ans Bett fesseln, er nimmt gleichsam seine Krankheit unter den Arm und geht mit ihr herum. Er erkennt, dass er mehr Kraft hat, als er sich zugetraut hat.

Wir können nichts dafür, wenn wir krank werden. Aber – so sagt uns der Text – es gibt auch die Versuchung, sich in der Krankheit einzurichten. Es ist mitunter bequemer, krank zu bleiben. Dann brauchen wir keine Verantwortung zu übernehmen. Der Mann, der seit 38 Jahren krank ist, hat sich darin eingerichtet. Er schiebt die Schuld für seine Krankheit den anderen zu. Die haben es alle besser, er hat ja gar keine Chance. Doch mit so einer Einstellung wird man nie gesund werden. Jesus weckt den Willen im Kranken. Und er lässt die Ausreden nicht gelten. Er traut ihm zu, dass er gesund werden kann, und so weckt er mit seinem Wort die unter all dem Schwachen und Kranken liegende Kraft in ihm zum Leben. Und der Kranke wagt es wirklich, aufzustehen, sein Bett zu nehmen und den Weg ins Leben zu gehen.

Für mich persönlich ist dieses Wort Jesu ein Schlüssel geworden, wie ich mit meinen Unsicherheiten und Hemmungen und Blockaden umgehen soll. Ich wollte lange durch Spiritualität und Psychologie meine Hemmungen überwinden. Doch ich bin meine Unsicherheit nicht losgeworden. Erst als ich dem Wort Jesu gefolgt bin, mein Bett – meine Hemmung, meine Unsicherheit, mein Schwitzen, mein Stottern – unter den Arm genommen und einfach getan habe, was mir der innere Impuls eingab, ist meine Unsicherheit verwandelt worden, bin ich gesund geworden.

Wir würden alle gerne aufstehen, wenn wir wüssten: Ab heute bin ich sicher, voller Selbstvertrauen. Doch mitten aus der Schwäche, mitten im mangelnden Selbstvertrauen aufzustehen und das Bett als Zeichen dieses inneren Mangels unter den Arm zu nehmen, darin besteht die wahre Heilung. Wir wollen oft nur die Symptome unserer Krankheit loswerden, weil sie uns peinlich sind. Doch es gilt, die innere Einstellung zum Leben zu verwandeln. Und das bedeutet: Mitten aus der Schwäche, aus der Krankheit heraus aufzustehen und seinen Weg zu gehen.

Doch ich, ich weiß: mein Erlöser lebt, als Letzter erhebt er sich über dem Staub. Ohne meine Haut, die so zerfetzte, und ohne mein Fleisch werde ich Gott schauen. Ihn selbst werde ich dann für mich schauen; meine Augen werden ihn sehen, nicht mehr fremd. Danach sehnt sich mein Herz in meiner Brust.

IJOB 19,25–27

In diesen Versen drückt Ijob seine Hoffnung aus, dass er Gott nach seinem Tod als Erlöser schauen wird. Auch wenn er dann nicht mehr im Fleisch weilt, wird er ihn schauen dürfen. Gott wird ihm nicht mehr fremd sein und vor allem nicht mehr so feindlich gegenübertreten, wie er es jetzt in seinem Leiden erfahren muss. Dann wird Gott sein Freund sein. Ijobs ganze Sehnsucht zielt darauf hin, Gott als seinen Erlöser, Befreier, Retter zu schauen.

Das Alte Testament spricht sehr vorsichtig vom ewigen Leben, vom Leben nach dem Tod. Ijob lässt in diesen schwer übersetzbaren Versen die Hoffnung anklingen, dass er nach seinem Tod Gott begegnen wird als seinem Erlöser und ihn schauen wird in seiner Liebe. Die Vulgata, eine ältere Bibelübersetzung, hat in ihrer Übersetzung diese Verse im Licht christlicher Auferstehungshoffnung gedeutet.

Noch klarer hat Georg Friedrich Händel sie in seinem *Messias* als dahingehenden Ausdruck verarbeitet. Unmittelbar nach dem grandiosen »Halleluja«, das schon bei einer frühen Aufführung beim ersten Erklingen die Hörer spontan hat aufstehen lassen, lässt Händel den Sopran eine Arie mit dem Text aus Ijob 19,25f singen. In der deutschen Übersetzung heißt es: »Ich weiß, dass mein Erlöser lebet und dass er erscheint am letzten Tage dieser Erd'. Wenn Verwesung mir gleich drohet, wird dies mein Auge Gott doch sehn.«

Und Händel fügt diesen Sätzen aus Ijob sofort ein Wort aus 1 Korinther 15,20 an: »Ich weiß, dass mein Erlöser lebet; denn Christ ist erstanden von dem Tod, der Erstling derer, die schlafen.« Die Melodie ist voller Zuversicht. Wir werden nicht in das Dunkel hinein sterben, wir werden vielmehr Gott als unseren Erlöser und Heiland schauen. Und dieses Schauen wird unser Auge satt machen. Wir werden uns sattschauen an seiner Gestalt, wie wir Mönche es mit den Worten von Psalm 17 in der Vesper des Karsamstag singen: »Ich aber, in Gerechtigkeit darf ich dein Antlitz schauen, und wenn ich erwache, mich sattsehn an deiner Gestalt.« (vgl. Ps 17,15)

Immer wenn ein Mitbruder gestorben ist, höre ich mir aus dem *Messias* von Händel die Sopranarie an: »Ich weiß, dass mein Erlöser lebet.« Das ist für mich zum Ritual geworden. Es lässt mich den Tod in einem anderen Licht sehen. Und ich stelle mir vor, wie ich in meinem Tod Gott schauen werde, wie er ist, wie dieses Schauen meine tiefste Sehnsucht erfüllt und wie ich mich sattsehen werde an Gottes Gestalt, an Gottes Liebe, die mir im Tod erscheinen wird.

Der Mensch bleibt nicht in seiner Pracht; er gleicht dem Vieh, das verstummt. So geht es denen, die auf sich selbst vertrauen, und so ist das Ende derer, die sich in großen Worten gefallen. Der Tod führt sie auf seine Weide wie Schafe, sie stürzen hinab zur Unterwelt. Geradewegs sinken sie hinab in das Grab; ihre Gestalt zerfällt, die Unterwelt wird ihre Wohnstatt. Doch Gott wird mich loskaufen aus dem Reich des Todes, ja, er nimmt mich auf.

PSALM 49,13–16

Psalm 49 meditiert über unser Schicksal, das im Tod enden wird. Keiner kann dem Tod entgehen. Auch die Weisen werden sterben, gemeinsam mit den Toren. Alle kommen in die Unterwelt. Doch während die Gestalt des Toren dem Psalmisten zufolge dort zerfällt, wird Gott den Gerechten von dort loskaufen. Er nimmt uns auf. Uns erwartet im Tod nicht die Finsternis der Unterwelt, in der der Mensch nur wie ein Schatten einhergeht. Gott wird uns herausreißen. Er wird uns an sich nehmen, an seine mütterliche Brust nehmen.

Wie das Leben an seiner Brust aussieht, darüber sagt der Psalm nichts aus. Aber wir werden nicht der Macht des Todes ausgeliefert. Gott wird sich auch im Tod um uns kümmern, er wird uns an sich nehmen, in seine Arme schließen, so dass wir immer bei ihm sein dürfen. Das ist ein Trost, der uns ermutigt, unser Schicksal, das im Tod endet, nüchtern anzuschauen.

Wir können im Tod nichts mitnehmen, keinen Reichtum, keinen Ruhm, keine Anerkennung, kein Glück. Entscheidend ist, dass wir hier und jetzt auf Gott vertrauen und auf Gott unsere Hoffnung setzen. Dann wird er unser Lohn sein. Er wird uns – nackt, wie wir sind – zu sich nehmen und uns in seiner Liebe Heimat schenken.

Da sagte Jesus zu ihnen: Nur in dieser Welt heiraten die Menschen. Die aber, die Gott für würdig hält, an jener Welt und an der Auferstehung von den Toten teilzuhaben, werden dann nicht mehr heiraten. Sie können auch nicht mehr sterben, weil sie den Engeln gleich und durch die Auferstehung zu Söhnen Gottes geworden sind. Dass aber die Toten auferstehen, hat schon Mose in der Geschichte vom Dornbusch angedeutet, in der er den Herrn den Gott Abrahams, den Gott Isaaks und den Gott Jakobs nennt. Er ist doch kein Gott von Toten, sondern von Lebenden; denn für ihn sind alle lebendig.

LUKAS 20,34–38

Die Pharisäer zur Zeit Jesu glaubten an die Auferstehung, die Sadduzäer jedoch nicht. Letztere wollen Jesus hier auf die Probe stellen mit dem Beispiel einer Frau, die nacheinander sieben Männer als Ehepartner hatte. Doch er bleibt souverän. In der Auferstehung, in der künftigen Welt, wird es ganz anders sein, da wird nicht geheiratet.

Jesus macht darüberhinaus drei Aussagen über unser Leben in der künftigen Welt. Wir werden den Engeln gleich sein. Unser Leben wird also vom Licht geprägt sein. Wir werden wie die Engel Gott schauen dürfen.

Die zweite Aussage: Durch die Auferstehung werden wir verwandelt in Söhne und Töchter Gottes. Wir haben also Anteil an Gott. Da wird erfüllt, was Lukas in der Areopagrede als Ausspruch griechischer Dichter zitiert hat: »Wir sind von seiner Art.« (Apg 17,28)

Und die dritte Aussage: Gott ist ein Gott der Lebenden. Im Tod wird unser Leben ein Leben für Gott und in Gott sein. Der griechische Ausdruck lautet in der Einheitsübersetzung: »Denn für ihn sind alle lebendig.« Doch wenn wir genauer hinschauen, meinen diese Worte: unser Leben in der Auferstehung wird ein Leben mit Gott, für Gott und in Gott sein. Oder wie es Paulus immer wieder formuliert: Wir werden beim Herrn sein, mit Christus zusammen sein.

So lässt uns Jesus mit seinen drei Bildern einen Blick werfen in das Leben der Auferstehung. Er führt uns mit seinen Worten über die Schwelle des Todes und lässt uns erahnen, was uns da erwartet: ein Leben im Licht. Wir werden verwandelt in Söhne und Töchter Gottes. Wir werden den Engeln gleich Gott schauen und ganz und gar in Gott und mit Gott und für Gott leben. Das ist die Erfüllung all unserer Sehnsüchte.

Wir dürfen diesen Bildern Jesu trauen. Zugleich müssen wir wissen, dass das Leben der Auferstehung jenseits aller Bilder und Vorstellungen ist und letztlich ein unbegreifliches Geheimnis bleibt.

Einer der Verbrecher, die neben ihm hingen, verhöhnte ihn: Bist du denn nicht der Messias? Dann hilf dir selbst und auch uns! Der andere aber wies ihn zurecht und sagte: Nicht einmal du fürchtest Gott? Dich hat doch das gleiche Urteil getroffen. Uns geschieht recht, wir erhalten den Lohn für unsere Taten; dieser aber hat nichts Unrechtes getan. Dann sagte er: Jesus, denk an mich, wenn du in dein Reich kommst. Jesus antwortete ihm: Amen, ich sage dir: Heute noch wirst du mit mir im Paradies sein.

LUKAS 23,39–43

Der zur rechten Seite Jesu gekreuzigte Verbrecher erkennt angesichts seines nahenden Todes, dass er unrecht gehandelt hat. Aber zugleich erkennt er, dass dieser Jesus neben ihm unschuldig und nicht vom rechten Weg abgewichen ist. Der Verbrecher hat nichts vorzuweisen. Er hat sein Leben verpfuscht. Jetzt bekommt er den verdienten Lohn für seine Taten.

Doch in seiner letzten Stunde wendet er sich vertrauensvoll an Jesus, der das gleiche Schicksal erleidet wie er. Und dieser spricht ihm das tröstliche Wort zu: »Amen, ich sage dir: Heute noch wirst du mit mir im Paradies sein.«

Lukas verwendet in seinem Evangelium siebenmal den Ausdruck »Heute«, angefangen von der Geburt Jesu: »Heute ist euch der Heiland geboren« bis zu diesem letzten »Heute«. Jesus spricht auch uns dieses Heute zu. Es ist ein tröstliches Wort. Auch wenn wir auf ein ungelebtes oder verfehltes Leben zurückschauen, es ist nie zu spät umzukehren. Und wenn wir im Tod Jesus um sein Erbarmen bitten, wird er es uns gewähren.

Aber dieses Wort gilt nicht nur für die Stunde unseres Todes. Wenn wir uns gerade dann, wenn wir uns selbst nicht annehmen können, weil wir so viele Fehler gemacht haben, an Jesus wenden, wird er uns sagen: »Heute noch wirst du mit mir im Paradies sein.« Dein Zustand von Selbstzerfleischung wandelt sich in einen Ort des Paradieses, des himmlischen Friedens.

Jesu Liebe hebt uns hier und jetzt schon aus Orten der Verzweiflung in Bereiche der Hoffnung und der Liebe hinein. In uns, auf dem Grund unserer Seele ist der Himmel, ist das Paradies. Das Wort Jesu will uns in diesen inneren Himmel hineinführen. Dort lösen sich alle Selbstvorwürfe und Selbstbestrafungstendenzen auf. Wir erfahren jetzt schon in uns etwas vom Frieden und von der Schönheit des Paradieses.

Das Wort Jesu will uns die Angst vor dem Tod nehmen. Viele denken voller Angst an den Tod. Sie haben Angst, verdammt zu werden, weil sie den Geboten Gottes nicht gefolgt sind, weil ihre bösen Taten die guten überwiegen könnten. Doch wenn wir uns in unserer Ohnmacht voll Vertrauen an Jesus wenden, dann wird er auch uns das tröstliche Wort zusprechen, das der Verbrecher von ihm hören durfte.

Dann sah ich einen neuen Himmel und eine neue Erde; denn der erste Himmel und die erste Erde sind vergangen, auch das Meer ist nicht mehr. Ich sah die heilige Stadt, das neue Jerusalem, von Gott her aus dem Himmel herabkommen; sie war bereit wie eine Braut, die sich für ihren Mann geschmückt hat. Da hörte ich eine laute Stimme vom Thron her rufen: Seht, die Wohnung Gottes unter den Menschen! Er wird in ihrer Mitte wohnen, und sie werden sein Volk sein; und er, Gott, wird bei ihnen sein. Er wird alle Tränen von ihren Augen abwischen: Der Tod wird nicht mehr sein, keine Trauer, keine Klage, keine Mühsal. Denn was früher war, ist vergangen. Er, der auf dem Thron saß, sprach: Seht, ich mache alles neu. Und er sagte: Schreib es auf, denn diese Worte sind zuverlässig und wahr.

OFFENBARUNG 21,1–5

In den Kathedralen der ersten christlichen Jahrhunderte war oft an der Stirnseite rechts und links von der Apsis das himmlische Jerusalem dargestellt. Was das Buch der Offenbarung uns beschreibt, das hatten die Teilnehmer an der Eucharistiefeier immer vor Augen. Da ist das himmlische Jerusalem, eine Stadt, die voll von Frieden und Schönheit ist. Sie ist geschmückt wie eine Braut. Und in dieser Stadt wohnt Gott selbst unter uns Menschen. Im himmlischen

Jerusalem wird er alle Tränen abwischen. Es gibt keinen Tod mehr und keine Trauer und keine Klage.

Wenn die Gläubigen während der Eucharistiefeier auf die Bilder vom himmlischen Jerusalem sahen, dann wurden all die Worte, die sie aus der Bibel hörten, für sie Wirklichkeit. Das Schauen darauf nahm ihnen alle Angst vor dem Tod. Es erfüllte ihre Sehnsucht nach ewiger Heimat, nach einer Heimat, die menschliche Züge hat. Die Stadt als befestigte Stadt war seit jeher ein Symbol göttlicher Ordnung und zugleich ein Bild für den mütterlichen Schutz, den sie ihren Bewohnern bietet. So vermittelte der Blick auf die himmlische Stadt Jerusalem ein Gefühl von mütterlicher Geborgenheit. Wer darauf schaute, der fühlte sich jetzt schon in der Eucharistiefeier in den Himmel versetzt. Für ihn öffnete sich in diesem Bild das himmlische Jerusalem, so dass die Eucharistiefeier Himmel und Erde miteinander verband, die irdische Stadt mit der himmlischen Stadt. Diese Perspektive schenkte den Christen der frühen Zeit die Hoffnung, dass sie sich in dieser himmlischen Stadt alle wiedersehen werden.

Der Text aus dem Buch der Offenbarung wird oft bei Beerdigungen vorgelesen. Die Trauernden hören die Worte: »Gott wird alle Tränen von ihren Augen abwischen: Der Tod wird nicht mehr sein, keine Trauer, keine Klage, keine Mühsal.« (Offb 21,4) Es sind Trostworte, die ihnen verheißen, dass ihre Trauer nicht ewig dauern wird. Die Trauer wird sich in Freude wandeln, die Erstarrung, die sie jetzt beim Tod eines lieben Menschen erfahren, wird in neue Lebendigkeit aufbrechen. Gott selbst wischt uns die Tränen ab. Er wird hier im Bild einer tröstenden Mutter gesehen, die ihrem Kind die Tränen abwischt.

Die Tränen dürfen sein, die Trauer darf gezeigt werden. Aber der Text sagt, dass die Trauer ein Ziel hat. Das Ziel ist, dass uns der oder die Verstorbene vom Himmel aus, vom himmlischen Jerusalem aus, auf unserem Weg begleitet, bis auch unser Weg einmündet in die himmlische Stadt, in der wir dann für immer miteinander verbunden sein werden in Gott.

5

»DER HERR LASSE SEIN
ANGESICHT LEUCHTEN ÜBER DIR«

Segen und Gebete für den Lebensweg

Der Herr sprach zu Mose: Sag zu Aaron und seinen Söhnen:
So sollt ihr die Israeliten segnen; sprecht zu ihnen:

Der Herr segne dich und behüte dich.
Der Herr lasse sein Angesicht über dir leuchten
und sei dir gnädig.
Der Herr wende sein Angesicht dir zu
und schenke dir Heil.

NUMERI 6,22–26

B

Auch heute verwenden wir gerne diesen sogenannten Aaronitischen Segen. Eine evangelische Religionspädagogin meinte einmal, es sei ein mütterlicher Segen. So wie die Mutter am Morgen das Kind aufweckt und es anlächelt, so möge Gott sein zärtliches Antlitz über uns leuchten lassen.

Segen ist liebevolle Zuwendung Gottes an uns, und Segen ist Schutz. Gott möge seine schützende Hand über uns halten und uns auf all unseren Wegen behüten. Und Segen ist Zuwendung Gottes an uns, mütterliche Zuwendung.

Zwei Geschenke bringt diese Zuwendung mit sich: Gnade und Heil. Gottes Segen erfülle uns mit Gnade, mit Liebe und Schönheit, mit Anmut und Huld.

Und Gottes Segen bringe uns Heil und Heilung. Gottes Segen mache uns heil und ganz. Er erfülle uns so, dass wir mit unserem wahren Selbst in Berührung kommen und auf diese Weise ganz wir selbst werden.

Es ist gut, wenn wir diesen Segen in der uralten Segensgebärde sprechen. Wir halten die Hände nach oben, die Handflächen nach vorne gerichtet. Dann können wir uns vorstellen, dass Gottes Liebe im Segen zu den Menschen strömt und sie einhüllt wie ein schützender Mantel und dass Gottes gnädiges Antlitz über den Menschen erstrahlt und sie mit Licht und Liebe erfüllt.

Hanna betete. Sie sagte: Mein Herz ist voll Freude über den Herrn, große Kraft gibt mir der Herr. Weit öffnet sich mein Mund gegen meine Feinde; denn ich freue mich über deine Hilfe. Niemand ist heilig, nur der Herr; denn außer dir gibt es keinen (Gott); keiner ist ein Fels wie unser Gott. Redet nicht immer so vermessen, kein freches Wort komme aus eurem Mund; denn der Herr ist ein wissender Gott und bei ihm werden die Taten geprüft. Der Bogen der Helden wird zerbrochen, die Wankenden aber gürten sich mit Kraft. Die Satten verdingen sich um Brot, doch die Hungrigen können feiern für immer. Die Unfruchtbare bekommt sieben Kinder, doch die Kinderreiche welkt dahin. Der Herr macht tot und lebendig, er führt zum Totenreich hinab und führt auch herauf. Der Herr macht arm und macht reich, er erniedrigt und er erhöht. Den Schwachen hebt er empor aus dem Staub und erhöht den Armen, der im Schmutz liegt; er gibt ihm einen Sitz bei den Edlen, einen Ehrenplatz weist er ihm zu. Ja, dem Herrn gehören die Pfeiler der Erde; auf sie hat er den Erdkreis gegründet. Er behütet die Schritte seiner Frommen, doch die Frevler verstummen in der Finsternis; denn der Mensch ist nicht stark aus eigener Kraft. Wer gegen den Herrn streitet, wird zerbrechen, der Höchste lässt es donnern am Himmel. Der Herr hält Gericht bis an die Grenzen der Erde. Seinem König gebe er Kraft und erhöhe die Macht seines Gesalbten. Darauf kehrte Elkana in sein Haus nach Rama zurück, der Knabe aber stand von da an im Dienst des Herrn unter der Aufsicht des Priesters Eli.

1 SAMUEL 2,1–11

Hanna war kinderlos. In ihrer Not kam sie zum Tempel, zum seinerzeitigen Heiligtum in Schilo und klagte Gott ihr Leid über ihre Kinderlosigkeit. Der Priester Eli hielt sie für betrunken. Doch als sie ihm ihr Leid schilderte, wünschte er ihr, dass Gott ihre Bitte erfüllen möge.

Nachdem Hanna schließlich einen Sohn gebar, entwöhnte sie ihn zuerst und dann brachte sie den kleinen Samuel in den Tempel, auf dass er dort sein Leben lang Gott dienen möge. Dabei sang sie ihr Lied. Es ist voller Freude, aber diese Freude erinnert sich immer wieder auch an das Leid, an die Bedrängnis, an die Verachtung, die sie als kinderlose Frau erfahren hat.

Lukas hat in seinem Evangelium das Danklied der Hanna zum Vorbild genommen für das Magnificat, das Maria bei Elisabet anstimmt, als sie schwanger geworden war (vgl. Lk 1,46–55).

Dieses Gebet kann auch für uns eine Hilfe sein, die richtigen Worte vor Gott zu finden. Es verdrängt nicht, was wir an Schlimmem erleben. Daher eignet es sich gerade in einer Situation, in der es uns nicht so gut geht. Dann nimmt der Dank schon die Rettung vorweg. Mitten in der Bedrängnis vertrauen wir schon, dass Gott uns beistehen wird.

Wir können das Gebet auch dann beten, wenn wir einer Gefahr entronnen oder aus einem Unglück oder einer Krankheit errettet worden sind. Dann ist es ein Danklied, das uns mit Freude und Jubel erfüllt.

Es sind schöne Bilder, die Gott selbst uns in diesem Danklied anbietet. Es sind Bilder, in denen wir unsere eigene Erfahrung zum Ausdruck bringen können, in denen wir die Gefühle, die in uns oft diffus vorhanden sind, so ausdrücken, dass sie sich wandeln können.

Da sagte Maria: Meine Seele preist die Größe des Herrn, und mein Geist jubelt über Gott, meinen Retter. Denn auf die Niedrigkeit seiner Magd hat er geschaut. Siehe, von nun an preisen mich selig alle Geschlechter. Denn der Mächtige hat Großes an mir getan und sein Name ist heilig. Er erbarmt sich von Geschlecht zu Geschlecht über alle, die ihn fürchten. Er vollbringt mit seinem Arm machtvolle Taten: Er zerstreut, die im Herzen voll Hochmut sind; er stürzt die Mächtigen vom Thron und erhöht die Niedrigen. Die Hungernden beschenkt er mit seinen Gaben und lässt die Reichen leer ausgehen. Er nimmt sich seines Knechtes Israel an und denkt an sein Erbarmen, das er unsern Vätern verheißen hat, Abraham und seinen Nachkommen auf ewig.

LUKAS 1,46–55

B

Die Kirche singt das Loblied Marias am Abend in der Vesper. Sie singt es so, dass jeder seine Erfahrungen darin zum Ausdruck bringen kann. Trotzdem ist es gut, das Lied in seiner Komposition durch Lukas zu meditieren, damit wir die Worte noch unmittelbarer auf unser Leben beziehen können.

Zunächst beginnt Maria ihr Loblied ganz persönlich. Sie geht von ihren eigenen Gefühlen aus, von ihrer Seele, die weit wird, wenn sie an Gott, ihren Retter, denkt, und von ihrem Geist, der aufjubelt. Und sie spricht von dem, was Gott an ihr getan hat: Er hat sie in Gnaden angesehen und Großes an ihr getan. Der Grund von all dem Großen, das Gott an ihr getan hat, ist seine Barmherzigkeit.

Diese persönliche Erfahrung Mariens können wir auf uns beziehen. Jeder wird am Abend Gott dafür preisen können, was er Großes an ihm getan hat, heute oder in seinem bisherigen Leben.

Nach diesem persönlichen Loblied besingt Maria in sieben Halbstrophen das Handeln Gottes in der Geschichte. Die ersten drei Taten könnte man mit dem Auszug aus Ägypten in Verbindung bringen. Da hat Gott machtvolle Taten vollbracht, die Hochmütigen – wie den Pharao – zerstreut und die Herrscher – die Könige im Land Kanaan – vom Thron gestürzt.

Die vierte Tat könnte man auf die Menschwerdung Gottes in Jesus Christus beziehen. Da hat er die Niedrigen erhöht. Jesus wurde in Niedrigkeit geboren, um die einfachen und armen Leute zu erhöhen.

Die drei nächsten Taten könnte man Jesus zuschreiben. Jesus hat die Hungrigen mit Gütern erfüllt. Er hat sich gerade den Sündern zugewandt, die hungerten nach einer Botschaft der Liebe. Aber er hat Reiche leer ausgehen lassen. Ihnen konnte er nichts geben, weil ihre Hände schon voll waren.

Und Jesus hat sich angenommen des Knechtes Israel. Man könnte übersetzen: Er hat den Knecht Israel umarmt, er hat das Volk in Liebe umarmt, ihm Gottes zärtliche Liebe nicht nur verkündet, sondern auch leibhaft vermittelt.

Der Grund dieser sieben Taten Gottes in der Geschichte war wiederum das Erbarmen, die Barmherzigkeit – griechisch: *eleos*. Auch wenn diese sieben Taten in der Vergangenheit geschahen, so besingen wir sie zugleich als das, was Gott auch heute an uns tut: Auch heute erhöht er in Jesus Christus uns, wenn wir uns niedrig und klein fühlen. Auch heute erfüllt er unseren Hunger mit den Gütern seiner Liebe. Und auch heute umarmt er uns, wie damals die Kinder, die er in den Arm genommen hat, um sie zu segnen.

Auch wenn wir jeden Tag dieses wunderbare Lied singen, wird es nie langweilig. Denn wir können es immer anders singen, weil wir mit anderen Erfahrungen ins Gebet kommen. Das Loblied verwandelt das, was wir heute erfahren haben, und beschenkt uns mit Dankbarkeit für alles, was Gott Großes an uns getan hat und tut.

Er sagte: Selig, die arm sind vor Gott; denn ihnen gehört das Himmelreich. Selig die Trauernden; denn sie werden getröstet werden. Selig, die keine Gewalt anwenden; denn sie werden das Land erben. Selig, die hungern und dürsten nach der Gerechtigkeit; denn sie werden satt werden. Selig die Barmherzigen; denn sie werden Erbarmen finden. Selig, die ein reines Herz haben; denn sie werden Gott schauen. Selig, die Frieden stiften; denn sie werden Söhne Gottes genannt werden. Selig, die um der Gerechtigkeit willen verfolgt werden; denn ihnen gehört das Himmelreich.

MATTHÄUS 5,3–10

Die acht Seligpreisungen beschreiben Jesu Weg zum gelingenden Leben, zum Glück. Wir können sie als Pendant zum achtfachen Pfad Buddhas zum gelingenden Leben verstehen. Jesus verheißt uns als Lehrer einer umfassenden Weisheit keine billigen Lösungen. Er zeigt uns in diesen Worten vielmehr einen Weg, wie wir in den verschiedenen Situationen unseres Lebens doch zum inneren Frieden, zum Einklang mit uns selbst, zum Glück finden können.

Es sind acht Haltungen und Fähigkeiten, die uns Jesus zuspricht. Er will uns sagen: Du bist fähig, arm im Geist zu sein, innerlich frei zu sein vom Anhaften an die Dinge.

Du bist fähig, in rechter Weise deine verpassten Lebenschancen und deine Durchschnittlichkeit zu betrauern.

In deinem Herzen ist die Fähigkeit zur Sanftmut, zur Gewaltlosigkeit und zur Barmherzigkeit. Aber du sollst auch versuchen, gewaltlos mit dir zu sein und mit anderen, barmherzig mit dir und anderen umzugehen.

Dein Herz sagt dir, was gerecht ist. Aber du sollst dich auch einsetzen für die Gerechtigkeit in deiner Umwelt. In dir ist die Ahnung von einem reinen Herzen, das ohne Nebenabsichten ist. Aber oft genug wird dieses reine Herz auch durch Nebenabsichten und unklare Gefühle getrübt. Es ist deine Aufgabe, es von Gott immer wieder reinigen zu lassen, indem du in die Stille gehst und ihm alle deinen beschmutzten Emotionen hinhältst, damit seine Liebe sie reinigt.

Du hast die Fähigkeit, Frieden zu stiften. Aber du musst erst einmal selbst mit dir in Frieden kommen, dich aussöhnen mit deinen Schattenseiten, damit du sie nicht auf andere projizierst.

Die letzte Seligpreisung scheint mit Glück nichts zu tun zu haben. Da geht es um Verfolgung. Doch Jesus zeigt, wie wir selbst in solch leidvollen Erfahrungen inneres Glück erleben können. Wir sollen – so sagt Gregor von Nyssa – uns von denen, die uns verfolgen, antreiben lassen auf Gott hin. Gregor vergleicht diese Seligpreisung mit dem Sport. Wenn wir einen Lauf machen, brauchen wir Mitläufer, die uns antreiben, damit wir schneller laufen. So kann alles

Leid, das uns trifft, uns antreiben, schneller auf Gott hinzulaufen. Dann verlieren die Verfolger ihre negative Macht. Sie zwingen uns, unseren Grund in Gott zu suchen. So sind sie eine spirituelle Herausforderung, unsere Hoffnung ganz und gar auf Gott zu setzen.

So sollt ihr beten: Unser Vater im Himmel, dein Name werde geheiligt, dein Reich komme, dein Wille geschehe wie im Himmel, so auf der Erde. Gib uns heute das Brot, das wir brauchen. Und erlass uns unsere Schulden, wie auch wir sie unseren Schuldnern erlassen haben. Und führe uns nicht in Versuchung, sondern rette uns vor dem Bösen.

MATTHÄUS 6,9–13

Auch wenn wir das Vaterunser täglich beten, kann es doch jedes Mal neu uns ausrichten auf den Geist Jesu, der uns dieses Gebet vorgebetet hat.

Das Vaterunser spricht die wesentlichen Themen unseres Menschseins an. Wir kommen als Mensch nur dann in unsere Mitte, wenn wir Gott in den Mittelpunkt stellen, wenn Gottes Name geheiligt wird. Wir bitten, dass Gottes Reich komme und nicht die Herrschaft böser Menschen. Wir bitten, dass sein Wille geschehe und nicht der Wille willkürlicher Machthaber. Wir bitten um das tägliche Brot. Es ist nicht selbstverständlich, jeden Tag das zum Leben Notwendige zu bekommen. Und dann geht es um die Vergebung. Wir bekennen, dass Gott uns vergeben hat. Aber das ist auch eine Herausforderung, einander zu vergeben. Und wir bitten darum, dass wir in der Versuchung nicht fallen, sondern uns geschützt fühlen vor dem Bösen, das uns umgibt.

Wir meditieren uns in diesem Gebet in den Geist Jesu hinein. Wir können uns aber auch vorstellen, dass unsere Eltern und Großeltern und Urgroßeltern dieses Gebet täglich gebetet und damit ihr Leben gemeistert haben. Wenn wir es beten, haben wir teil an der Lebenskraft und Glaubenskraft unserer Vorfahren.

Für mich ist es wichtig, bei diesem Gebet an meinen Vater zu denken, der in der Notzeit nach dem Krieg die Bitte um das tägliche Brot als existentielle Bitte erfahren hat, die ihm Vertrauen trotz aller Not schenkte. Und die Bitte um Vergebung hat ihn vor Verbitterung geschützt, in die er sonst geraten wäre, weil andere ihn betrogen haben. Das Gebet verbindet uns mit unseren Vorfahren, aber auch mit all den Menschen, die täglich mit uns diese Worte beten. Wenn wir das Vaterunser in der Eucharistie sprechen, dann können wir uns vorstellen, dass unsere Eltern und Großeltern diese Worte nun als Schauende beten, während wir sie als Suchende, Zweifelnde und Glaubende beten. So verbinden die Worte Himmel und Erde und lassen uns mitten in unseren Zweifeln schon teilhaben an ihrem Schauen.

Nachwort

Wir sind in diesem Buch die Themen unseres Alltags durchgegangen und haben unser Leben jeweils im Licht einer Bibelstelle angeschaut. Die Bibelstellen geben uns keine endgültigen Antworten auf die Fragen unseres Lebens. Aber sie zeigen uns Wege auf, wie wir mit den Grundthemen des menschlichen Daseins umgehen können. Doch es genügt nicht, nur die Wege zu sehen, auf die uns die Bibel hinweist. Wir müssen diese Wege auch gehen. Die Bibel kann ihre verwandelnde und heilende Kraft nur dann entfalten, wenn wir die Wege gehen, wenn wir die Worte, die wir lesen, einfach einmal ausprobieren. Wir leben mal einen Tag oder eine Woche mit diesem oder jenem biblischen Wort. Wir müssen das Wort gar nicht verstehen. Wir nehmen es als Begleiter, der uns bei allem, was wir erleben, einen Kommentar liefert oder der uns anstößt, mal diesen oder jenen Schritt zu probieren. Die Wege der Weisheit müssen beschritten werden. Sonst führen sie uns nicht zum Leben.

Wählen Sie für Ihre Situation die Bibelstelle aus, die für Sie stimmig ist, die Ihre Situation zu verwandeln vermag. Und dann gehen Sie eine Woche lang mit dieser Bibelstelle durch Ihren Alltag. Meine Auslegungen sollen nur eine Hilfe sein, den jeweiligen Text für das eigene Leben zu erschließen. Trauen Sie Ihrer eigenen Intuition. Nehmen Sie das Wort mit in den Alltag. Dann wird das Wort ein neues Licht auf Ihren Alltag werfen. Und Ihre konkreten Erfahrungen in Ihrem täglichen Leben werden Ihnen helfen, die Bibelstelle zu verstehen. So entspinnt sich ein Dialog zwischen dem biblischen Text und Ihrem Leben. Und dieser Dialog wird Ihr Leben befruchten.

Die frühen Mönche haben die »antirrhetische Methode« entwickelt. Sie haben in krankmachende Worte jeweils ein heilendes Wort aus der Bibel hineingesprochen. Sie haben dabei die Erfahrung gemacht, dass die Worte der Bibel wirklich Heilungsworte sind. Aber sie entfalten ihre heilende Wirkung nur dann, wenn wir sie immer wieder meditieren und sie bewusst in unsere konkrete Situation hineinsprechen. Die Worte der Bibel geben uns keine schnelle Lösung für unsere Probleme. Aber in ihnen steckt eine verwandelnde Kraft. Und diese verwandelnde und heilende Kraft der biblischen Worte zu entdecken und an sich zu erfahren, das wünsche ich Ihnen, liebe Leserin, lieber Leser, von ganzem Herzen.

Bibelstellenverzeichnis